Liebe Leserinnen, liebe Leser!

Der vorliegende Band „Norwegen Süden" bildet in einer Hinsicht eine Ausnahme von allen HB Bildatlanten. Autor und Fotograf sind bei diesem Band ein und dieselbe Person. Christian Nowak hat schon seit vielen Jahren enge Bindungen an das Land im hohen Norden, verbringt immer wieder viele Wochen dort, spricht die Sprache und hat mittlerweile einige gute Freunde in Norwegen gefunden. Jeden noch so kleinen Ort kennt er aus persönlicher Anschauung und hat für diesen Bildatlas nochmals viele Wochen in Norwegen recherchiert. Das macht ihn ohne Frage zu einem kompetenten Autoren. Sein zweites berufliches Standbein hat Christian Nowak in der Fotografie gefunden, ihm gelingen äußerst stimmungsvolle Naturfotos – aber sehen Sie selbst!

Der Fotograf und Reisejournalist ***Dr. Christian Nowak*** *lebt in Berlin. Nach unzähligen Reisen durch Nordeuropa fühlt er sich mittlerweile auch dort heimisch.*

Vielfalt ist garantiert

Mich erstaunen immer wieder die ungeheuren Entfernungen in Norwegen. Die Hafenstadt Kristiansand ganz im Süden ist immerhin rund 1700 km Luftlinie vom Nordkap entfernt. Das entspricht der Entfernung Kristiansand – Florenz. Damit ist Norwegen das langgestreckteste Land Europas, das mit einer ungeheuren landschaftlichen Vielfalt aufwarten kann. Die Südküste bietet Strände und Schären vor der Kulisse strahlend weißer Fischerorte. Majestätische Fjorde formen die Westküste. Das Landesinnere ist geprägt von weiten Tälern, aber auch von kargen Hochebenen und Gletschern. Zur Faszination tragen zudem die sommerlich hellen Nächte bei, wenngleich die „echte" Mitternachtssonne erst jenseits des Polarkreises scheint.

Ein Land, zwei HB Bildatlanten

Diese ganze Vielfalt können wir in einem einzigen HB Bildatlas nicht unterbringen. Traditionell gibt der HB Verlag daher zwei Hefte zu Norwegen heraus, die Ihnen die ganze Schönheit des Landes offenbaren. Die nördliche Fortsetzung zu diesem Band bildet der im Mai 2008 neu erschienene HB Bildatlas 317, „Norwegen Norden". Tauchen Sie ein in die Welt der Fjorde, Wälder und Gletscher, lassen Sie sich vom Nordland-Virus infizieren!
Herzlich Ihre

Birgit Borowski

Birgit Borowski
Programmleiterin HB Verlag

Welt der Gletscher

Seite 58–69

Der Jostedalsbre leckt mit zahlreichen Gletscherzungen in die Täler herunter. Zu der Zunge Briksdalsbre an seiner Westseite kann man sich auch mit einer Kutsche bringen lassen.

Fjellnorwegen

Seite 70–83

Königin des Fjordlands

Seite 46–57

Bergen war einst größte Stadt des Landes, Hansestadt mit weltweiten Verbindungen und kulturelles Zentrum. Viel vom Glanz der Vergangenheit ist geblieben wie die Kaufmannshäuser an Bergens Vorzeigezeile Bryggen.

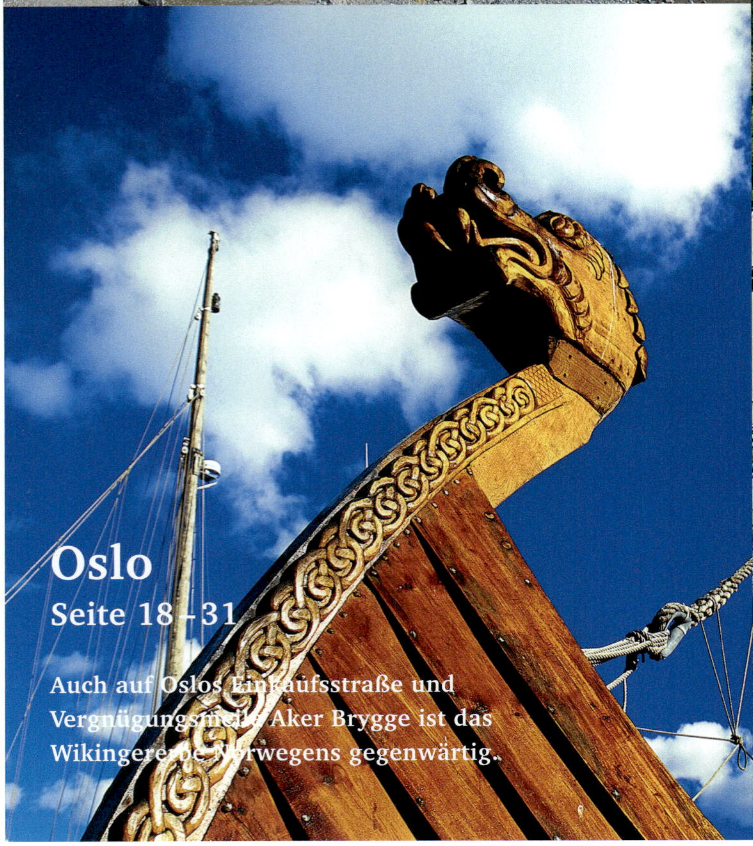

Oslo

Seite 18–31

Auch auf Oslos Einkaufsstraße und Vergnügungsmeile Aker Brygge ist das Wikingererbe Norwegens gegenwärtig.

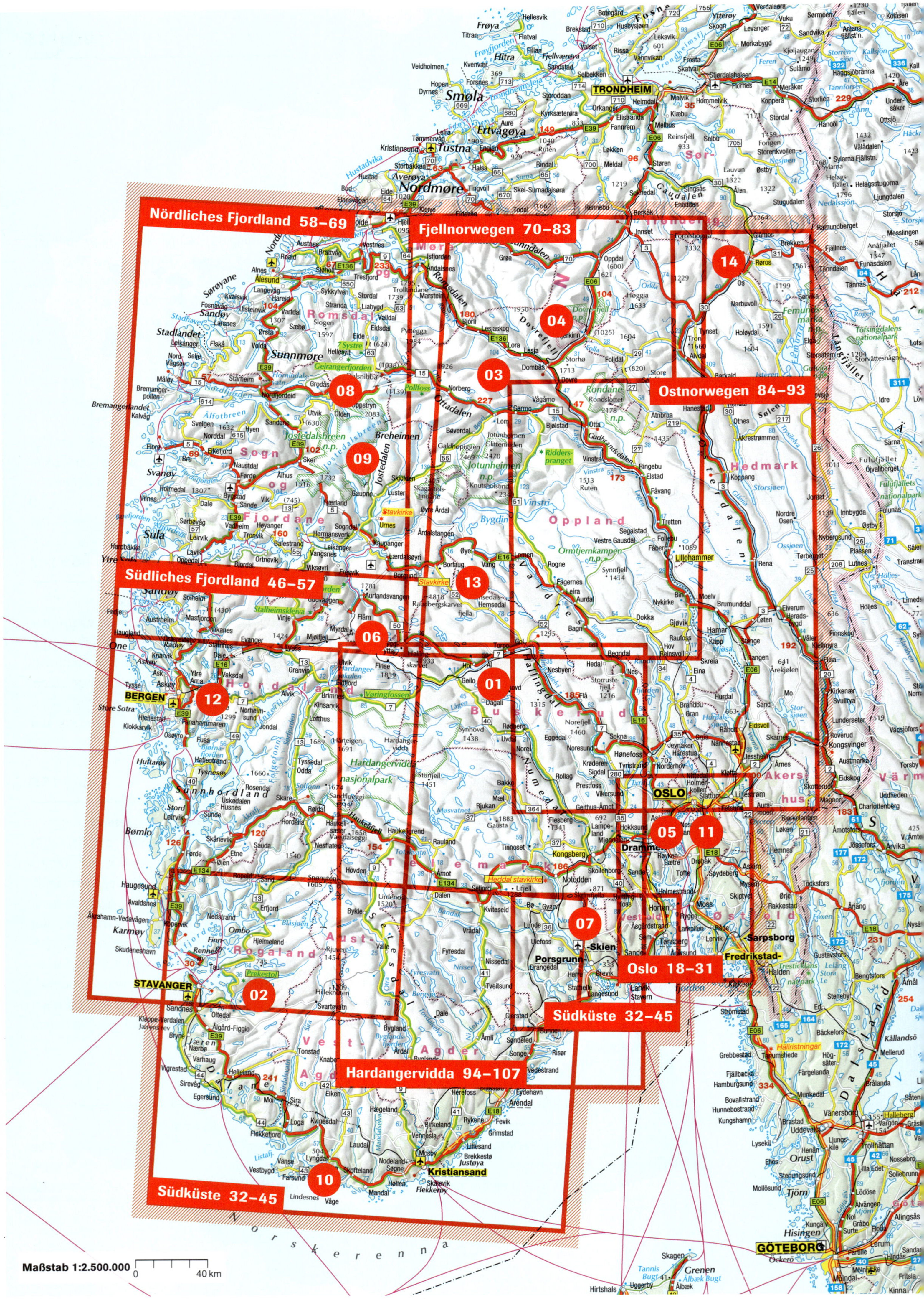

Nördliches Fjordland 58–69
Fjellnorwegen 70–83
Ostnorwegen 84–93
Südliches Fjordland 46–57
Oslo 18–31
Südküste 32–45
Hardangervidda 94–107
Südküste 32–45
14
04
03
08
09
13
06
01
12
05
11
07
02
10
TRONDHEIM
BERGEN
OSLO
STAVANGER
GÖTEBORG
Kristiansand
Maßstab 1:2.500.000
0
40 km

DIE BESTEN TIPPS DER REDAKTION

AKTIV

01 Über die Hardangervidda 105
Angelegt wurde der Rallarweg beim Bau der Bergensbahn. Heute kann man auf ihm bequem mit dem Rad die grandiose Bergwelt der Hardangervidda erkunden.

02 Der Predigtstuhl 57
Anstrengend ist die Wanderung zum Prekestol schon, doch es lohnt sich: Der Blick von der 600 Meter hohen Felskanzel auf den Lysefjord ist spektakulär.

03 Der literarische Grat 82
Jedes Jahr erklimmen einige Zehntausend Wanderer den Beseggen-Grat auf den Spuren von Peer Gynt und werden mit einem atemberaubenden Blick über das Jotunheimen-Gebirge belohnt.

04 Zum Gipfel der Schneemütze 81
Die Snøhetta im Dovrefjell ist der höchste Berg Norwegens außerhalb von Jotunheimen. Für die Besteigung des Gipfels sollte man zwei Tage einplanen.

ERLEBEN

05 Bummeln vor Prachtbauten 29
Schon vor mehr als 100 Jahren war Oslos noble Flaniermeile Karl Johan bei der Bohème beliebt. Bis heute hat sie nichts von ihrer Attraktivität eingebüßt.

06 Auf schmaler Spur 56
Nur 20 Kilometer ist die Flåmbahn lang, doch die haben es in sich. Durch Tunnel und über Brücken klettert der Zug 900 Meter vom Aurlandsfjord durch die Bergwelt hinauf zur Hardangervidda.

07 Nostalgischer Wasserweg 107
Eine Reise auf dem Telemarkkanal ist pure Nostalgie: Die Veteranenschiffe haben rund 100 Jahre auf dem Buckel, und auch die Schleusen werden hier noch wie ehedem von Hand bedient.

NATUR

08 Der Postkarten-Fjord 68
Kaum ein Kalender kommt ohne ein Bild vom Geirangerfjord aus. Denn typischer und majestätischer lässt sich kaum ein anderer norwegischer Fjord ablichten.

09 Eisige Schönheit 68
Der Jostedalsbre ist der größte Gletscher Norwegens. 25 Zungen fließen von seinem Plateau hinab – eisige, zerklüftete Ströme von erhabener Schönheit.

10 Das Südkap 44
Der Leuchtturm am Kap Lindesnes, umgeben von karger Schärenlandschaft, markiert den südlichsten Punkt des Landes.

KULTUR

11 Park der Skulpturen 29
Etwa 200, bis zu 17 m hohe Skulpturen des Künstlers Gustav Vigeland sind in der Vigelandanlage verteilt, ein wahrer Kunstpark mitten in der Hauptstadt Oslo.

12 Erinnerungen an die Hanse 55
Die hanseatischen Kaufleute hatten in Bergen eine ihrer wichtigsten Handelsniederlassungen. Ein Spaziergang durch die engen Gassen des alten Holzhausviertels Bryggen ist daher wie eine Zeitreise.

13 Perfektion in Holz 83
Die Stabkirche von Borgund mit ihren geschnitzten Drachenköpfen und der „Geisterschwelle“ hat die Zeit seit dem Mittelalter fast unverändert überdauert.

14 Røros in Kupferrot 91
Über 300 Jahre lang lebte die ganze Region von dem roten Metall. Heute ist die Grube Museum, gewaltige Schlackeberge und alte, verwitterte Holzhäuser erinnern noch an vergangene Zeiten. Røros ist wie ein bewohntes Freilichtmuseum und deshalb zu Recht UNESCO-Weltkulturerbe.

PICKNICK MIT AUSBLICK

Eine Felskanzel in luftiger Höhe, mit senkrechten Wänden und tief unten der grün schimmernde Lysefjord mit den winzigen Ausflugsbooten. Bei klarer Sicht kann der Blick unendlich weit schweifen, liegt einem das Fjordland zu Füßen. In Scharen pilgern die Norweger zum Predigtstuhl, denn nirgendwo hinterlässt die grandiose Natur einen tieferen Eindruck.

EIN NOSTALGISCHES INSEL-IDYLL

Die Insel Karmøy legt sich zwischen Haugesund und Stavanger schützend vor den Ausgang des verzweigten Boknafjorden. Eng drängen sich die weißen Holzhäuser auf den Schärenbuckeln, kleine Wasserwege bilden ein Paradies für jeden Bootsbesitzer.

BLÅSKJELL
KR. 52,- PR. KG
SCAMPI
KR. 180,-
PR. ½ KG
FERSK
KVEITE
KR. 179,-
PR. KG

FANGFRISCH ...

Fangfrisch ist der Fisch überall! Doch nirgendwo ist das Angebot größer und ansehnlicher als auf dem Bergenser Fischmarkt. Hier wird zwar nicht mit südländischem Temperament um Kunden geworben, aber die edlen Meeresfrüchte in einem guten Dutzend Sprachen anzupreisen, gehört schon zum Service.

SPIEGEL DER JAHRESZEITEN

Am Fjordufer blühen schon die Bäume und Wiesen, und wohlige Sonnenstrahlen wärmen die Haut, während sich auf den Bergen noch hartnäckig der Schnee hält. Die Natur hat es eilig hier oben im Norden. Kaum hat der Frühling den langen Winter verscheucht, ist es auch schon Sommer, und eh man sich versieht, färbt der Herbst die Blätter leuchtend rot und gelb (Foto: Kjøsnesfjord südlich des Jostedalsbre).

DAS WINTER-WUNDERLAND

Ski und Rodel gut! Schneemangel ist in den norwegischen Gebirgen noch ein Fremdwort, hier ist der Winter noch ein Winter. Wie auf der Hardangervidda, der menschenleeren, baum- und strauchlosen Hochebene im Herzen Norwegens. Unermüdlich betätigt sich der Wind als Landschaftsgestalter, presst den Schnee zu bizarren Mustern, die wie ein riesiger weißer Ozean wirken.

Grüne Hauptstadt am Fjord

Eingebettet zwischen Wasser und Wald gibt es nur wenige Hauptstädte, die so schön wie Oslo liegen. Kein Wunder, dass es die Osloer am Wochenende in Scharen in die Wälder und aufs Wasser zieht – zum Wandern, Radfahren oder Baden. Und darüber hinaus hat die Stadt in den letzten Jahren einen bemerkenswerten Wandel durchgemacht, vom etwas biederen Langweiler am nördlichen Rande Europas zur charmanten, lebendigen Metropole, in der während der hellen Sommernächte die Lebensfreude regiert.

Ein architektonisches Glanzstück: Die neue Oper in Oslos Stadtteil Bjørvika erinnert mit ihren weißen Marmormauern und -dächern an einen Eisberg

01

02

03

„Wenn die Vereinigten Staaten Gottes eigenes Land sind, dann wurde Norwegen mindestens vom Heiligen Geist erschaffen."

Björnstjerne Björnson

Fast unmerklich wird die Fähre langsamer und tastet sich vorsichtig in den Oslofjord hinein. Noch sind es fast 100 Kilometer bis zur norwegischen Hauptstadt, doch die Ufer rücken immer näher und lassen erahnen, wie schmal die Fahrrinne ist. Winzige, blank geschliffene Felsbuckel und kleine grüne Inseln scheinen auf dem ruhigen Wasser zu schwimmen, bilden mit der stark gegliederten Küste ein Labyrinth aus Wasser und Land. Dann kommt der Drøbaksund in Sicht, ein Nadelöhr auf dem Weg nach Oslo, ein idealer Ort, den Zugang zu kontrollieren. Kein Wunder, dass die Norweger gerade hier die Festung Oscarsborg bauten. Deren Kanonen wurden im Zweiten Weltkrieg dem deutschen Kreuzer „Blücher" zum Verhängnis – er ging mit mehr als 2000 Mann an Bord bei Drøbak unter. Nach der Passage weitet sich der Fjord ein letztes Mal, und die norwegische Hauptstadt begrüßt ihre Besucher.

Mit Panoramablick aufs Wasser

Schöner kann eine Stadt kaum liegen! Das Zentrum schmiegt sich um den hufeisenförmigen Fjord, die Außenbezirke ziehen sich die Berghänge hinauf und verlaufen sich schließlich im Grün der Wälder. Kurz vor dem Anlegen bleiben noch einige kleine Fjordinseln querab, Traumziele für heiße Sommertage, wenn es die Osloer in Scharen aus der Stadt zieht. Und schon sind die Wahrzeichen der Stadt auszumachen: direkt am Fjord die abweisenden Mauern der Festung Akershus und das Rathaus mit seinen beiden kantigen Türmen. Bis heute haben die Osloer ein eher zwiespältiges Verhältnis zu ihrem Wahrzeichen. Ein elegantes Meisterwerk ist dagegen die Holmenkollenschanze, die hoch über der Stadt schon im Grün der Oslomark steht.

Alte Werft in neuem Kleid

Neueste Vergnügungsmeile der Hauptstadt und einer der beliebtesten Treffpunkte für Touristen und Einheimische gleichermaßen ist Aker Brygge. Hier schlägt der Puls des jungen Oslo – mit edlen Geschäften und Boutiquen, gemütlichen oder trendigen Restaurants, Kinos und Theater. Dabei stand hier noch vor gut 20 Jahren eine der größten norwegischen Schiffswerften. Als Akers Mekaniske Verksted schließen musste, wurde ein Architektenwettbewerb ausgeschrieben. Und in knapp zehn Jahren entstand auf dem alten Industrieboden ein komplett neuer Stadtteil, der mit seiner Mischung aus alten Backsteinbauten und moderner Glas- und Stahlarchitektur beeindruckt. Die Osloer, vor allem die Jüngeren, haben diese Alternative zur Karl Johan begeistert angenommen. Egal zu welcher Jahreszeit, sobald sich die Sonne bli-

01 *Im Storting werden die Landesgeschicke gelenkt*
02 *Piratenvergangenheit mischt sich mit Heutigem auf der Karl Johan*
03 *„Gran Café" auf der Karl Johan*

04 *Sehen und gesehen werden: Skulptur auf Aker Brygge*
05 *Kunst aus über 300 Jahren vereint der Dom*

01

02

03

cken lässt, schlendern sie über die Uferpromenade, schnuppern die Seeluft, lauschen Live-Jazz und genießen im Freien ein Bier aus Pappbechern. Ständig kommen und gehen die Fähren zu den kleinen Fjordinseln, am Morgen verkauft der Krabbenkutter seinen Fang direkt an der Mole, teure Jachten ziehen die Blicke auf sich. Hier zeigt Oslo sein maritimes Gesicht.

Flaniermeile mit Tradition

Doch kampflos gibt sich die gute alte Karl Johan nicht geschlagen. Dafür hat sie auch zu viel zu bieten. Schließlich war sie erste und lange Zeit auch einzige Flaniermeile der Hauptstadt. Schon vor gut 100 Jahren galt sie als Treffpunkt von Künstlern und der Bohème. Schnurgerade zieht sie sich vom modernen Hauptbahnhof zum Königlichen Schloss, anfangs als Fußgängerzone und flankiert von wenig beeindruckenden Kaufhäusern und Billigläden. Es folgen die Basarhallen, die Domkirche und schließlich das Storting mit den Löwenfiguren, die beide Auffahrten bewachen. Seit 1866 trifft hier das Parlament seine Entscheidungen zum Wohl des Volkes, während auf dem Rasen davor die Sonnenhungrigen sitzen. Ab dem Storting protzt die Karl Johan dann mit geschichtsträchtigen Bauwerken bis hin zum Schloss, das der norwegisch-schwedische König Karl Johan 1848 errichten ließ. Am 17. Mai finden hier die Paraden zum Nationalfeiertag statt – unbestrittener Höhepunkt im Festkalender der Stadt. Dann steht die königliche Familie stundenlang auf dem Balkon und winkt der nicht enden wollenden Kette der Schulklassen zu, die zu lauter Marschmu-

Es war in jener Zeit, als ich in Kristiania umherging und hungerte, in dieser seltsamen Stadt, die keiner verlässt, ehe er von ihr gezeichnet worden ist.

01 *In Tracht zum Schloss am Nationalfeiertag*
02 *Festung Akershus*
03 *Moderne Glasarchitektur mischt sich mit Backstein: Aker Brygge*

01

02

03

SPECIAL Thor Heyerdahl

Der letzte Entdecker

Thor Heyerdahl war auf allen Weltmeeren zu Hause. Ließ sich immer wieder auf abenteuerliche Expeditionen ein, um die Reisewege der frühen Menschheit zu erkunden.

Lebenslange Liebe zur Südsee

Thor Heyerdahl (1914–2002) zog es nie in die Kälte. Nach dem Zoologiestudium verwirklichte er seinen Jugendtraum und wurde mit Leib und Seele Forschungsreisender. Mit seiner Frau Liv verbrachte er ein Jahr auf der unbewohnten polynesischen Insel Fatu Hiva – Grundlage einer lebenslangen Liebe zur Südsee. Seine Studien führten zu der Hypothese, Polynesien sei nicht von Südostasien, sondern von Amerika aus besiedelt worden. Um Kritiker zu widerlegen und seine Behauptungen zu beweisen, baute er die „Kon-Tiki", die Kopie eines indianischen Balsabootes, und segelte mit ihr von Peru zu den Tuamotu-Inseln. Es folgten die Expeditionen mit dem Papyrusboot „Ra", mit dem er den Atlantik überquerte, und mit dem Schilfboot „Tigris", das Licht in die Handelswege der Sumerer bringen sollte. Mit diesen Versuchen begründete er die experimentelle Archäologie. Bis zu seinem Tod war Thor Heyerdahl als rastloser Geist und Reisender ein würdiger Nachfahre der Wikinger.

Mit der Sonne im Segel: Papyrusboot „Ra II"

sik vorbeidefiliert. An diesem Tag ist ganz Oslo auf den Beinen, zeigt Nationalstolz auf durchaus charmante Weise als etwas ganz Selbstverständliches, denn er hat ihnen geholfen, schwere Zeiten unter fremder Herrschaft zu überstehen.

Wikinger und Polarforscher

Im Sommer pendelt die kleine Fähre den ganzen Tag zwischen dem Pipervika-Kai in der Nähe des Rathauses und der Halb-insel Bygdøy. Die Osloer lieben die grüne Oase, die wegen der schönen Strände am Fjord und der vielen prächtigen Holzvillen zu den exklusiven Wohnlagen der Stadt gehört. Doch die meisten Besucher kommen wegen der vielen sehenswerten Museen nach Bygdøy, die einen Einblick in die wichtigen Kapitel der norwegischen Geschichte geben.

In der Wikingerschiffhalle dreht sich alles um die wilden Rotbärte, die mit ihren schnellen Schiffen plündernd und Angst und Schrecken verbreitend die Welt durchstreiften. Drei dieser Schiffe sind im Museum zu sehen – schlanke Schönheiten, vor rund 1000 Jahren gebaut und vor 100 Jahren im Oslofjord gefunden. Die nächsten Kapitel werden im Volksmuseum aufgeschlagen, in dem mehr als 100 historische Gebäude zu sehen sind. Die Stabkirche, im 12. Jahrhundert in Gol errich-

01 *Vigelandpark*
02 *Nansen vor der „Fram"*
03 *Wikingererbe überall: Aker Brygge*
04 *Vigeland: Familie am Monolith*

01 *Volksmuseum: Speicher am Festplatz*
02 *… und Lurenblasen*

03 *Klassisch: „Holmenkollen Park Hotel“*
04 *Norwegisches Volksmuseum: Stabkirche von Gol*

tet, zählt zu den ältesten Gebäuden des Museums. Das meisterhafte Stück alter norwegischer Holzbautradition wurde hier originalgetreu wieder aufgebaut.
Ein stolzes Kapitel schrieben die Polarforscher Fridtjof Nansen, Roald Amundsen und Otto Sverdrup. In Wikingertradition zog es sie hinaus, um die letzten weißen Flecken auf der Landkarte zu erkunden. Nachdem man sich die dickbäuchige

Norwegen – als ich zum ersten Mal diese Landschaft sah, hatte ich das Gefühl, hier hat Gott selbst Hand angelegt.

„Fram" angeschaut hat, die alle eisigen Gewässer dieser Welt durchsegelt hat, sollte man sich noch ein Weilchen auf eine der Bänke am Wasser setzen und die Aussicht auf den Oslofjord mit den Segelbooten, Jachten und Fährschiffen genießen.

Hauptstadt mit Hinterland

Von drei Seiten ist Oslo von ausgedehnten, hügeligen Wäldern umgeben, in die immer wieder kleine Seen eingesprenkelt sind, nur der Oslofjord im Süden ermöglicht den Blick zum Meer. Die Wälder der Oslomark bilden ein Naherholungsgebiet der Tausend Möglichkeiten, ein Angebot, das die sportbegeisterten Osloer sommers wie winters ausgiebig nutzen. An den Wochenenden, wenn alle aus der Stadt ins Grüne strömen, sind die Vorortzüge deshalb oft brechend voll. Doch weit muss man nicht fahren, denn schon hinter den letzten Häusern beginnen die Wälder. Nicht einmal eine Stunde braucht die Bahn nach Holmenkollen, Frognerseteren oder Sognsvann, wo unzählige Wanderwege durch die Wälder der Oslomark beginnen und man selbst an sonnigen Wochenenden bald allein unterwegs ist.

05 *Gemütliches Grasen im Bereich der Setestalhäuser*

OSLO
Lillestrøm
Drammen
Nesoddtangen
Drøbak
Ski
Askim
Moss
Horten
Tønsberg
Sandefjord
Sarpsborg
Fredrikstad
Holmestrand
Sande
Jeløy
Finnmarksgata
Kjølberggata
Bispegata
Akershusstranda
Frognerkilen
Frogner
Skillebekk
Majorstua
Hegdehaugen
Blindern
Hageby
Smestad
Skøyen
Filipstad
Bygdøy
Bygdøynes
Pipervika
Bjørvika
Kampen
Grønland
Vika
Vestre gravlund
Frogner - parken
Kirkeveien
Drammensveien
Bygdøy allé
Ullevålsveien
Pilestredet
Thereses gate
Uranienborgveien
Holmenkollen
01
02
03
04
05
06
08
09
10
11
12
13
14
15
16
17
18
19
20
21
22
23
24
25
26

Die Schöne am Fjord

Im Laufe ihrer Geschichte hat die norwegische Hauptstadt mehrfach ihren Namen geändert: Die erste Ansiedlung an dieser Stelle hieß Aslo, was so viel wie Ebene der Götter bedeutet. Als das Dorf zu einer Stadt heranwuchs, nannte es sich Oslo, bis der Dänenkönig Christian IV. die Stadt 1624 in Christiania umtaufte – ab 1877 Kristiania geschrieben. Erst 1925 erhielt Oslo wieder seinen alten Namen zurück.

ALLGEMEIN

Wahrscheinlich war die Gegend am Oslofjord schon vor rund 7000 Jahren besiedelt. Im 8. Jh. soll es eine Wikingerstadt gegeben haben, die von Landwirtschaft, Handel und Schiffbau lebte. Lange glaubten die Archäologen, dass einer der letzten Wikingerkönige, Harald Hardråde (1015–1066), Oslo gegründet hat; neuere Funde deuten jedoch auf eine Stadtgründung um 1000 hin. Oslo wurde schon in der zweiten Hälfte des 11. Jh. Bischofssitz, doch den Hauptstadtstatus beanspruchten lange Zeit Trondheim, Bergen und Tønsberg. Erst 1299 verlegte der König seinen Sitz an den Oslofjord. Mehrere Brände und Pestepidemien warfen die Stadt immer wieder zurück, zeitweise versank sie sogar in der Bedeutungslosigkeit. Besonders schlimm wütete die Pest 1350, als rund die Hälfte der Bevölkerung starb. Heute ist Oslo mit rund 500 000 Einw. und mehr als 10% der Gesamtbevölkerung des Landes die größte Stadt Norwegens. Das Stadtgebiet umfasst 454 km², wovon nur ein Drittel bebaut ist; der Rest sind Wälder, Parkanlagen, Inseln und Seen. Die Hauptstadt ist Dienstleistungs- und Verwaltungszentrum, außerdem Sitz von Parlament und Königsresidenz. Auch das Nobelinstitut, dessen Mitglieder alljährlich den Friedensnobelpreisträger wählen, ist in Oslo ansässig; seit 1990 findet die Verleihung des Friedensnobelpreises am 10. Dez., dem Todestag Alfred Nobels, im Osloer Rathaus statt.

INFORMATION

Trafikanten Service Centre, Jernbanetorget 1, N-0154 Oslo, Tel. 81 53 05 55, Fax 23 15 88 11, www.visit oslo.com. Touristeninformation neben dem Rathaus, Fridtjof Nansens Plass 5.

SEHENSWERT

Nach dem verheerenden Großfeuer im Jahr 1624 entstand im Schutz der Festung Akershus eine völlig neue Stadt nach den Idealen der Renaissance mit schachbrettartig angelegten, breiten Straßen und Steinhäusern.

AKERSHUS SLOT 17 Die urspr. mittelalterliche Burg am Oslofjord wurde 1637–1648 zum Renaissanceschloss umgebaut (Gelände tgl. 6.00–21.00 Uhr). Die Säle, das königliche Mausoleum und die Schlosskirche können im Rahmen einer Führung besichtigt werden (Jan.–April und Sept.–Dez. Do. 12.00–14.00, Mai–Aug. Mo.–Sa. 10.00–16.00, So. 12.30–16.00 Uhr).

RATHAUS 11 Nicht weit entfernt steht der eher klobige Klinkerbau, 1950 zur 900-Jahr-Feier Oslos eröffnet und heute Sitz der Stadtverwaltung und des Stadtparlaments. Die Innenräume wurden von den bekanntesten norwegischen Künstlern des 20. Jh. ausgeschmückt; besonders beeindruckend ist das Monumentalgemälde „Arbeit, Kunst und Feierlichkeit“ von Henrik Sørensen in der Eingangshalle (tgl. 9.00–18.00 Uhr).

Tipp

Oslo Pass

Der Oslo Pass berechtigt zur unbegrenzten Nutzung der öffentlichen Nahverkehrsmittel. Außerdem ist der Eintritt in die meisten Museen und Sehenswürdigkeiten und in die Schwimmbäder Frogner und Tøyen sowie das Parken auf kommunalen Parkplätzen inbegriffen. Rabatte gibt es im Vergnügungspark TusenFryd, bei einer Stadtrundfahrt oder bei der Fahrt mit dem Oslo-Zug „Christian Quart“. Den Pass für 24 Std. (27 €, Kinder 12 €), 48 Std. (40 €, Kinder 14 €) oder 72 Std. (51 €, Kinder 19 €) gibt es am Flughafen, in der Touristinformation, in Hotels, auf Campingplätzen und einigen Narvesen Kiosken.

KARL JOHANS GATE TOPZIEL Bei einem Bummel über Oslos Flaniermeile, den man am besten am östlichen Ende am Hauptbahnhof beginnt, kommt man an der 19 **Domkirche** vorbei, die 1697 eingeweiht wurde; Kanzel, Altartafel und Orgelfassade sind noch original, die Deckenmalereien entstanden 1936–1950 (Stortorget 1; im Sommer tgl. 10.00–16.00 Uhr; ab Mitte April 2006 wegen Renovierung geschlossen). Auf dem Weg liegen weitere auffällige Gebäude wie das neugotische 16 **Storting** (1861–1866), das Grand Hotel, die 13 **Universität** (1854) und das 12 **Nationaltheater** (1899). Das 10 **Schloss** (Det Kongelige Slott), von einem großen Park umgeben, wurde 1824–1848 im Empirestil errichtet (Drammensveien 1; Wachablösung tgl. um 13.30 Uhr, Führungen in Englisch Mo.–Do. 12.00, 14.00 und 14.20 Uhr, Fr. und Sa. nur 14.00, 14.20 und 16.00 Uhr. Eintrittskarten auf Postämtern).

FROGNERPARK Schon etwas außerhalb des eigentlichen Zentrums liegt das weitläufige Grün, dessen bekanntester Teil die 01 **Vigelandanlage** TOPZIEL mit rund 200 monumentalen Figuren von Gustav Vigeland (1869 bis 1943) ist. In jahrelanger Arbeit hat Gustav Vigeland eine Vielzahl von teils eigenwilligen Figuren geschaffen, als Höhepunkt einen 17 m hohen Monolithen aus ineinander verschlungenen Menschenleibern. Die Anlage zählt mit über einer Million Besuchern im Jahr zu den größten Sehenswürdigkeiten der Stadt. Das benachbarte 02 **Vigeland-Museum** besteht aus dem Atelier und der Wohnung des Künstlers (Nobelsgate 32; Di. bis So. Juni–Aug. 11.00–17.00, sonst 12.00–16.00 Uhr). Im Frühjahr 2008 wurde die neue 26 **Oper** im Stadtteil Bjørvika eröffnet. Das 400 Millionen Euro teure Prestigeobjekt wurde von dem Architekturbüro Snøhetta entworfen. Der monumentale Bau direkt am Wasser soll durch die weißen Marmormauern an einen Eisberg erinnern.

Das Königliche Schloss von Oslo ist ein monumentaler Bau im Empirestil

MUSEEN

Oslo verfügt über rund 50 Museen und eine Vielzahl von Galerien. Auch in der Umgebung der Hauptstadt (im Kreis Akershus) gibt es viel Sehenswertes. Eine aktuelle Zusammenstellung der Museen bietet der „Oslo Guide", der im Turistkontor kostenlos erhältlich ist. Hier eine Auswahl.

MUSEEN AUF BYGDØY Die wichtigsten Museen Oslos sind hier im Grünen eindrucksvoll zusammengefasst. Das 06 **Polarforschungsschiff „Fram",** Baujahr 1892, mit originaler Einrichtung ist in Frammuseet untergebracht; mit ihm haben Fridtjof Nansen, Roald Amundsen und Otto Sverdrup drei Polarexpeditionen unternommen (Bygdøynes; www.fram.museum.no; Juni–Aug. tgl. 9.00–18.00 Uhr, sonst kürzer). In 05 **Kon-Tiki-Museet** sind Fahrzeuge und Ausrüstungsgegenstände von Thor Heyerdahls Expeditionen zu sehen; das Floß „Kon-Tiki" von 1947 und das Papyrusboot „Ra II" sowie ein „Tigris"-Modell bilden die Höhepunkte (Bygdøy, Bygdøynesveien 36; tgl. Juni bis Aug. 9.30–17.30 Uhr, April, Mai und Sept. 10.00–17.00, Okt.–März 10.30–16.00 Uhr). Im 03 **Norwegischen Volksmuseum** (Norsk Folkemuseum), einem der größten Freilichtmuseen Europas, stehen rund 140 Bauernhäuser aus ganz Norwegen; die schönsten Gebäude vieler Gehöfte sind oft die mit aufwändigen Schnitzereien verzierten Speicher (Bygdøy, Museumveien 10, www.norskfolkemuseum.no; Mitte Mai–Mitte Sept. tgl. 10.00–18.00, Jan.–Mitte Mai sowie Mitte Sept.–Ende Dez. Mo–Fr 11.00–15.00, Sa, So 11.00–16.00 Uhr). Im 07 **Seefahrtsmuseum** (Norsk Sjøfartsmuseum) präsentiert sich die Seefahrernation mit Ausstellungen zur Küstenkultur und Seefahrtsgeschichte, mit maritimer Malerei norwegischer Künstler und einem Panoramafilm von Ivo Caprino über die norwegische Küste (Bygdøy, Bygdøynesveien 37, www.norsk-sjofarts mueum.no; Mitte Mai bis Aug. tgl. 10.00–18.00 Uhr, sonst tgl. 10.30–16.00, Do. bis 18.00 Uhr). Die 04 **Wikingerschiffhalle** (Vikingskipshuset) zeigt drei der weltweit besterhaltenen Wikingerschiffe; in den Schiffen wurden im 9. Jh. Mitglieder von Königsfamilien zusammen mit Tieren und Schmuck beigesetzt, um sie für die Fahrt ins Totenreich auszurüsten (Bygdøy, Huk Aveny 35; www.khm.uio.no/vikingskipshuset; Mai–Sept. tgl. 9.00–18.00, sonst tgl. 11.00–16.00 Uhr).

MUSEEN IN OSLO Eine Reise durch die Geschichte von den ersten menschlichen Spuren bis ins Mittelalter bietet das 14 **Historische Museum** (Historisk museum); besonders sehenswert ist die Abteilung über die Wikinger. Außerdem gibt es ein Münzkabinett und eine ethnografische Abteilung (Frederiks gate 2; www.khm.uio. no; Mitte Mai–Mitte Sept. Di.–So. 10.00 bis 17.00, sonst 11.00–16.00 Uhr). Die 15 **Nationalgalerie** (Nasjonalgalleriet) ist die größte Sammlung norwegischer und ausländischer Kunst bis 1945, viele Werke aus der Zeit der Nationalromantik und des Realismus; auch einige Werke von Munch sind hier zu sehen (Universitetsgaten 13; www.nationalmuseum.no; Di., Mi. und Fr. 10.00–18.00, Do. 10.00–19.00, Sa. und So. 11.00–17.00 Uhr). 09 **Ibsenmuseet** zeigt das original eingerichtete Arbeitszimmer Ibsens (1828–1906) in seiner Wohnung, die er von 1895 bis zu seinem Tod bewohnte (Arbiens gate 1; Mai–Mitte Sept. Di.–So. 11.00–18.00 Uhr). Edvard Munch (1863–1944) war einer der Wegbereiter des Expressionismus und der bedeutendste Maler Norwegens; er vermachte einen Großteil seiner Werke der Stadt Oslo, die daraufhin ihm zu Ehren das 20 **Munchmuseum** einrichtete (Tøyengata 53; www.munch.museum.no; Juni bis Ende Aug. tgl. 10.00–18.00, sonst Di.–Fr. 10.00 bis 16.00, Sa. und So. 11.00–17.00 Uhr).

MUSEEN IN DER UMGEBUNG Das 23 **Henie-Onstad-Kunstzentrum,** eine Stiftung der Eiskunstläuferin Sonia Henie und ihres Mannes Nils Onstad, zeigt die größte Sammlung moderner Kunst in Norwegen (Sonja Henies vei 31, Høvikodden, www.henieonstad.no; Di. bis Do. 11.00–19.00, Fr.–So. 11.00–17.00 Uhr).

Das neugotische Oscarhall slott auf Bygdøy

Tipp

Das andere Oslo

Das Kontrastprogramm zu Aker Brygge und Karl Johan findet in Grünerløkka (nördl. des Hauptbahnhofs) statt. Einst ein armer Arbeiterbezirk, ist es heute „in", auf ein Bier in diesen Stadtteil zu gehen oder sich dort sogar eine Wohnung zu suchen. Die bunte Mischung aus alten, abgewohnten und neu sanierten Häusern, aus Studenten, Yuppies und Einwanderern macht den Charme des Viertels aus. Viele gemütliche Kneipen und Restaurants befinden sich zwischen den beiden parallel verlaufenden Hauptstraßen, der Thorvald Meyers gate und dem Markveien. Gerade an warmen Sommerabenden ist in Grünerløkka viel los, vielleicht auch, weil Bier hier um einige Kronen billiger als im Zentrum ausgeschenkt wird

EINKAUFEN

Shopping in Oslo ist meistens kein ganz billiges Vergnügen.

Vielfältig ist das Angebot in 08 **Aker Brygge** und auf der 16 **Karl Johan**, wo die Einkaufspassage Paléet (Karl Johans gate 37–43) besonders empfehlenswert ist; hier gibt es mehrere kleine, recht preisgünstige Restaurants. Die großen **Warenhäuser** „Glas Magasinet" (19 Stortorvet) und „Steen & Strøm" (Nedre Slottsgate) befinden sich ganz in der Nähe. Oslo City erstreckt sich in der Nähe des 18 **Hauptbahnhofs** und ist ein modernes Einkaufszentren mit rund 100 Geschäften. Etwas westlich vom Zentrum, zwischen Schlosspark und Frognerpark, befindet sich ein weiteres Einkaufsviertel mit rund 400 Geschäften.

HOTELS UND RESTAURANTS

Vom Grandhotel bis zur Designer-Jugendherberge reicht in Oslo die Auswahl an Unterkünften. Nicht minder breit ist ist das Angebot an Restaurants.

HOTELS **Grand Hotel,** Karl Johans gate 31, N-0159 Oslo, Tel. 23 21 20 00, Fax 23 21 21 00, www.grand.no. Traditionshotel an Oslos Renommiermeile. Dezenter Luxus mit Schwimmbad auf dem Dach und Nachtklub im Keller. 289 ›

Z. **Holmenkollen Park** Hotel, Kongeveien 26, N-0787 Oslo, Tel. 22 92 20 00, Fax 22 14 61 92, www.holmenkollenparkhotel.no. Traumhotel in Traumlage hoch über dem Fjord, direkt neben der Schanze mit einzigartigem Blick über die Stadt. 221 Z. **Anker Hotel Best Western**, Storgata 55, N-0182 Oslo, Tel. 22 99 75 00, Fax 22 99 75 20, www.anker.oslo.no. Modernes Hotel in ruhiger Lage zwischen Zentrum und Szene. 137 Z. **Bastion**, Skippergata 7, N-0152 Oslo, Tel. 22 47 77 00, Fax 22 33 11 80, www.hotelbastion.no. Zentral gelegen, sehr angenehme Atmosphäre, alle Zimmer geschmackvoll mit Antiquitäten möbliert. 99 Z.

RESTAURANTS **Lofoten Fiskerestaurant,** Stranden 75, Aker Brygge, Tel. 22 83 08 08. Hervorragende Lage direkt am Oslofjord auf der lebendigen Aker Brygge. Große Freiterrasse. Frischer Fisch zu allen Jahreszeiten. Im Dezember Lutefisk, zwischen Januar und März Lofoten-Spezialitäten, ansonsten wechselnde Menüs der Spitzenklasse. **Det Gamle Raadhus,** Nedre Slottgt. 1, Tel. 22 42 01 07. Ältestes Restaurant Oslos im ersten Rathaus der Stadt von 1641. Im alten Rathaus werden in erster Linie norwegische Fisch- und Wildgerichte serviert. Bei schönem Wetter Gartenlokal im Hof. **Engebret Café,** Bankplassen 1, Tel. 22 82 25 25. Seit über 140 Jahren ist das Engebret eine Institution. Auf der Terrasse vor dem Restaurant kann man bei schönem Wetter gemütlich seinen Kaffee trinken. Empfehlenswert ist das Smørebrød-Buffet am Vormittag, eine typisch norwegische Spezialität. **Kafe Sult,** Thorvald Meyers gate 26, Tel. 22 87 04 67. Gemütlicher Treffpunkt der Szene in Grünerløkka. Wegen des guten Essens immer voll. Gleich nebenan die Bar **Tørst,** ein guter Platz für ein oder mehrere Biere.

UMGEBUNG

Südlich der Hauptstadt suchen alle Städte die Nähe des Fjordes, der Lebensader für Wirtschaft und Handel.

FREDRIKSTAD **25** Die alte Festungsstadt ist ein Schmuckstück: Hier stehen bunte, vom Alter gezeichnete Holzhäuser aus dem 18. Jh., es gibt Festungsgräben, Tore und Bastionen, auf denen man die kleine Stadt im Schatten alter Bäume umrunden kann. Mitten auf dem Marktplatz steht die Statue des Königs, der der Stadt 1567 den Namen gab, daneben als Relikt längst vergangener Zeiten der Pranger.

BÆRUMS VERK **22** Der alte Handelsplatz liegt 15 km westl. von Oslo. Das Museum erinnert mit gusseisernen Öfen an die Eisenhütten des 17. Jh. (im Sommer Di.–Fr. 10.00–17.00, Sa. 10.00–16.00, So. 12.00–16.00 Uhr).

BADESTRÄNDE Schöne Strände befinden sich auf Bygdøy (Paradisbukta und Huk). Auch die Inseln Hovedøya und Langøyene im Oslofjord (Bootsverbindung von Vippetangen) sind beliebte Ausflugsziele. Schöne Waldseen sind Bogstadvannet, Sognsvann und Nøklevann.

VERGNÜGUNGSPARK **24** Kinder werden an einen Besuch im TusenFryd Gefallen finden (15 km südl. von Oslo an der E 18, Vinterbro, www.tusenfryd.no; Juli–Mitte Aug. tgl. 10.30 bis 19.00 Uhr, sonst kürzer).

HOLMENKOLLEN **21** Vom Turm der Schanze genießt man einen grandiosen Blick über die Stadt. Das Skimuseum im Schanzenturm erzählt die 4000-jährige Geschichte des Skilaufs (Kongeveien 5; Juni–Aug. tgl. 9.00 bis 20.00, Mai, Sept. 10.00–17.00, sonst 10.00 bis 16.00 Uhr).

Tipp

Loipenspaß ohne Grenzen

Warum nicht mal zum Wintersport nach Oslo? Die Norweger wissen schon lange, dass ihre Hauptstadt das größte zusammenhängende Loipensystem der Welt besitzt. Nur unter Touristen hat es sich noch nicht herumgesprochen, dass Oslo ein Paradies für Langläufer ist und man nach dem Skilaufen am Abend alle Annehmlichkeiten der Hauptstadt genießen kann. 2000 km Loipen werden in den hügeligen Wäldern der Oslomark präpariert, viele sind abends sogar beleuchtet. Einheimische fahren am Wochenende ein Stück mit dem Vorortzug aus der Stadt heraus und laufen dann auf Skiern nach Hause. Gute Ausgangspunkte für solche Skitouren sind Vettakollen, Voksenkollen, Frognerseteren, Grua oder Hakadal.

Nicht versäumen!

KULTUR

Obelisken und Titanen
Gustav Vigelands rund 200 monumentale Skulpturen füllen einen ganzen Park. Höhepunkt der Skulpturenlandschaft im Vigelandpark ist der 17 m hohe Obelisk aus ineinander verschlungenen Menschenleibern.

TOPZIEL Siehe Nr. **01**

NATUR

Die Stadt zu Füßen
Den besten Blick auf die Stadt genießt man vom Holmenkollen. Wem das für den Ausflug nicht genügt, der kann sich im Skimuseum über die 4000-jährige Geschichte des Skilaufs informieren oder im wunderschönen Holmenkollen Park Hotel fürstlich speisen.

Siehe Nr. **03**

ERLEBEN

Biergenuss mit Fjordblick
Das ehemalige Werftgelände Aker Brygge lädt zum Shoppen, Bummeln und Rasten ein. Mit Blick auf Rathaus, Schloss Akershus und den Oslofjord schmeckt hier dann ein kühles Bier besonders gut.

Siehe Nr. **08**

KULTUR

Oslos Flaniermeile
Auf der Karl Johans Gate konzentrieren sich die Top-Sehenswürdigkeiten der Stadt. Beim Bummeln passiert man Domkirche, Storting, Universität und Nationaltheater. Als „krönender" Abschluss wartet dann das Schloss.

TOPZIEL Siehe Nr. **11**

KULTUR

Wegbereiter des Expressionismus
Ein Glück, dass Edvard Munch einen Großteil seiner Werke seiner Heimatstadt Oslo vermacht hat. So kann man heute im Munchmuseum eine einzigartige Sammlung seiner Gemälde und Zeichnungen bewundern.

Siehe Nr. **20**

vesta

Unter der Sonne des Südens

Sommer, Sonne, Strand – Zauberworte, denen kein Norweger widerstehen kann. Dann zieht es sie in die weißen Städte an der Südküste, die sich wie die Perlen einer Kette aneinander reihen. Verschlafen und gemütlich in der Vor- und Nebensaison, werden sie während der Sommerferien zu heiß begehrten Urlaubsorten. Mittendrin liegen zwei Städte ohne Urlaubsambitionen: Kristiansand, das Tor nach Norwegen, und Stavanger, die Ölboomtown des Landes.

Am feinen Sandstrand von Mandal lässt sich der Sommer genießen.

01

02

03

04

05

„Malen ist für mich eine Krankheit, ein Rausch. Eine Krankheit, die ich nicht loswerden will, ein Rausch, den ich brauche.“

Edvard Munch

Nur wer sich schon mal durch einen langen, dunklen und kalten Winter im Norden gekämpft hat, kann verstehen, warum die Nordländer so sehr Licht und Wärme ersehnen. Eine Sehnsucht, die sich am besten an der Südküste erfüllen lässt. Mag der Vergleich mit der Italienischen Riviera auch etwas gewagt sein, die vielen Sandstrände und die unzähligen Schären machen den gesamten Küstenstreifen zum Badeparadies. Für die einen ist die winzige Badebucht, versteckt hinter einem Kiefernwäldchen, der Traum vom Sommer, für die anderen ist es der weite Sandstrand mit Blick in die Ferne. Glücklich, wer ein Boot besitzt, denn dem steht das Schärenlabyrinth aus Wasser und Land offen. Mit ihm kann man auf Entdeckungstour gehen, Robinson spielen, wann immer man möchte, die Angel auswerfen, sich eine einsame Bucht zum Baden suchen oder endlich die ganz persönliche Trauminsel finden, auf der nur ein einziges kleines rotes Holzhaus steht.

Auf Spurensuche

Schon Ende des 19. Jahrhunderts fuhren regelmäßig Dampfer von Oslo nach Åsgårdstrand. Viele Besucher schwärmten von dem wunderbaren Licht, das zum Malen animiert – was mit dazu beitrug, dass sich hier schon früh ein Künstlertreff etablierte. Die Kulisse könnte auch heute nicht schöner sein, das Ensemble der weiß gestrichenen Holzhäuser, hinter deren Zäunen die Blumen südländisch üppig blühen, ist ein Bild von einem Südküstenstädtchen. Dabei ist Åsgårdstrand selbst im Sommer ein gemütlicher, fast verschlafener Ort abseits des Massentourismus, der Ruhe und Gelassenheit verströmt.

Sein berühmtester Gast war Edvard Munch, der hier viele Sommer verbrachte und einige seiner bekanntesten Werke wie „Der Tod der Mutter“ oder „Melancholie“ malte. Seine kleine Fischerhütte im Ort nannte er sein „Glückshaus“. Heute ist in dem kleinen gelben Holzhaus oberhalb vom Strand ein Munch-Museum untergebracht, das Innere noch genau so ärmlich wie zu seinen Lebzeiten möbliert, kaum mehr als ein Tisch, ein Bett und ein Wandschrank mit allerlei Medizinfläschchen befinden sich in dem Haus.

Wer in Åsgårdstrand auf Spurensuche geht, findet vielleicht noch die Stelle, an der Munch 1902 das Bild „Straße in Åsgårdstrand“ malte. Auch „Die Mädchen auf der Brücke“, ein mehrfach gemaltes Strandmotiv, entstand hier. Zwar ist die lange Holzbrücke, an der die Dampfschiffe anlegten, längst verschwunden, schützen heute Steinmolen den Jachthafen. Doch mit Fantasie ist noch die Stelle zu erken-

01 *Leben auf und am Wasser bestimmt die Südküste: Saltrød …*
02 *… und Grimstad*

03 *Wenn der Sommer sommerlich ist, bleibt am Strand kein Fleck frei: Fevik bei Grimstad*
04 *Grimstad wird noch von alten weißen Häusern geprägt*

05 *Im Sommer fühlen sich Norweger frei wie Vögel: Statue im Park von Grimstad*

01

02

nen, an der die drei kleinen Mädchen ihm Modell gestanden haben. Jedenfalls im Juni, wenn der Ort die Åsgårdstrand-Tage feiert, und dann sind auch die drei Mädchen wieder zu sehen und posieren wie zu Munchs Zeiten.

Die weißen Perlen

In den Tälern im Landesinnern war das Leben oft von Armut geprägt, das harte Klima und die kargen Böden ließen den Bauern kaum eine Chance. Die Menschen an der Küste dagegen machten im 19. Jahrhundert mit Bootsbau und Holzhandel kleine Vermögen. Waren billiges Ochsenblutrot und Ockergelb zu dieser Zeit die dominierenden Hausfarben, signalisierte ein weißes Haus schon aus der Ferne Wohlstand. Dieser ist den Küstenstädten noch heute anzusehen, denn viele der prächtigen Holzhäuser aus dieser Zeit sind erhalten geblieben. Als Perlen der Südküste bezeichnen sich Kragerø, Risør, Tvedestrand, Arendal, Grimstad und Lillesand, und als wäre das nicht schon genug, schmückt sich manche noch mit Attributen wie „Sørlands Lachfältchen“ oder „Venedig des Nordens“.

Was für eine herrliche Erfahrung, an Bord einer kleinen Fähre zu gehen, in einen norwegischen Fjord hineinzugleiten und zu wissen, dass man zu alledem gehört.

Das sommerliche Kragerø gibt sich jung und dynamisch, die Kneipen und Restaurants sind grundsätzlich bis auf den letzten Platz gefüllt. Durch die engen Gassen geht es nur im Schneckentempo vorwärts, und auch auf dem Wasser herrscht Hochbetrieb, denn der Hafen ist das Sprungbrett zu den rund 2000 Ferienhäusern, die sich im Labyrinth der Schären verstecken.

01 *Heimatkunde in Lyngør*
02 *Edvard Munchs Sommersitz Åsgårdstrand*
03 *Dem Wassersport zugetan: Hafen von Kragerø*
04 *Sommertraum: Schären vor Risør*

01

02

03

SPECIAL Knut Hamsun

Letztes Refugium

Nach dem Prozess wegen Kollaboration mit den Deutschen kehrt Knut Hamsun als gebrochener Mann nach Nørholm zurück.

Karge Dichterstube

Rastlosigkeit bestimmte einen Großteil des Lebens von Knut Hamsun (1859–1952), erst im Alter kam er zur Ruhe. 1918 erwarb er den etwas verfallenen Herrensitz Nørholm zwischen Lillesand und Grimstad und machte sich an die Restaurierung des stattlichen Holzhauses. Sein Leben lang konnte er nur in absoluter Ruhe und Abgeschiedenheit schreiben, deshalb richtete er sich auch auf Nørholm eine kleine, spartanische Dichterhütte ein, die nur er betreten durfte. Sein Haus befindet sich noch heute in Familienbesitz und ist nicht zu besichtigen – so bleibt nur der Blick von der Straße über den Zaun auf den Park und das weiße Holzhaus. Freunde von Knut Hamsun werden in Norwegen leider auch sonst nur noch wenige Spuren des Nobelpreisträgers von 1920 finden. Auf dem Hof in Garmo, zwischen Lom und Vågåmo, erinnert ein kleines Museum an seine Kinderjahre, und in Hamarøy gibt es ein ähnlich karges Museum, das seiner Nordlandzeit gewidmet ist.

Risør dagegen gibt sich aristokratisch. Rings um den hufeisenförmigen Hafen steht noch die lückenlose Reihe der zweistöckigen weißen Patrizierhäuser, kein Neubau stört dieses Ensemble aus der zweiten Hälfte des 19. Jahrhunderts. Hier wird flaniert und nicht gedrängelt, und die Jachten im Hafen gehören eher zur Luxusklasse.

Auch Mandal, die südlichste Stadt Norwegens, besitzt einen alten Stadtkern mit weißen Holzhäusern, aber das Besondere ist der Sandstrand, der nur wenige Schritte vom Zentrum entfernt ist. Fast einen Kilometer lang ist Sjøsanden, an dem die Sonne öfter scheint als anderswo, und die Wassertemperaturen sind hier für norwegische Verhältnisse geradezu paradiesisch.

Reif für die Insel

Obwohl nur einen Katzensprung vom Festland entfernt, gibt es keine Brücken, und so ist das Wassertaxi immer noch die einzige Verbindung zu der kleinen Insel vor der Südküste bei Risør. Mehrmals täglich legt es bei der „Blauen Laterne“, dem Dreh- und Angelpunkt von Lyngør, an. Das Restaurant besitzt eine wunderschöne Sonnenterrasse direkt am Wasser, serviert die beste Fischsuppe weit und breit.

Sein Besitzer Asbjørn Andersen hat die Inselgeschichte zusammengetragen und erinnert in seinem kleinen Museum an die Zeiten, als vor Lyngør noch Großsegler aus aller Welt auf Reede lagen. Damals ging es den Menschen noch gut, und die Insel erlebte einen regelrechten Bauboom – doch das ist Vergangenheit. Immer mehr Bewohner mussten auf der Suche nach Arbeit aufs Festland ziehen, und nur einige wenige blieben und konnten um ihr Inselidyll kämpfen.

Heute hat die Insel wieder rund 100 feste Bewohner, die dank Schule, Lebensmittelladen, Post und Bootsverbindung zum Festland optimistisch in die Zukunft blicken. Über den frisch gestrichenen weißen Holzhäusern weht stolz die norwegische Fahne, in den winzigen Gärten blüht es üppig. Und auf der Inselwanderung für Touristen erzählen alteingesessene Insulaner ihre Geschichte.

Die Ölboomtown

Stavanger ist eine Stadt der Kontraste. Gamle Stavanger, einst Keimzelle der Stadt beim Hafenbecken, scheint mit ihren kleinen, weißen Holzhäusern ein überaus beliebtes, bewohntes Freilichtmuseum zu sein. Doch nur wenige Schritte weiter ernüchtern Betonbauten aus den 1960er- und 1970er-Jahren. So wirkt die Stadt wie ein zufälliges Sammelsurium aller möglichen Baustile ohne architektonisches Ge-

01 *Am Hafrsfjord sprachen 872 die Waffen*
02 *Kristiansands Altstadt hat mitteleuropäischen Charakter*
03 *Weit geht der Blick im Gloppedal*
04 *Kristiansand: Am Dom drängt sich das Leben*
05 *Parks umgeben Kristiansands Festung*

01

02

03

04

„Ich bin an Körpern interessiert, weil sie Emotionen zeigen. Wenn man Angst hat, aufgeregt, glücklich oder deprimiert ist – der Körper registriert es.“

Anthony Gormley

samtkonzept. Vielleicht ist Stavanger einfach nur zu schnell gewachsen, denn mit den Ölfunden vor der Küste entwickelte sich der einstige Fischerort rasant. Heute platzt die Stadt aus allen Nähten, hat sich aber zumindest im Zentrum noch etwas Flair bewahrt, in dem man von der Hektik des internationalen Ölgeschäfts kaum etwas mitbekommt.

Stavanger fühlt sich aber nicht nur als Geldmetropole des Landes, auch kulturell will es über die Universität hinaus eine herausragende Rolle spielen. – Die norwegische „Kulturstadt“ der Jahre 2003/2004 ist 2008 „Europäische Kulturhauptstadt“. Ein eigenwilliges Projekt fasziniert schon jetzt die Besucher: die „Broken Columbs“ des Londoner Künstlers Anthony Gormley. 23 eiserne Statuen hat er überall in der Stadt aufgestellt, alle 1,95 Meter große Abbilder seiner selbst. Die erste steht am Kunstmuseum, 41 Meter hoch über dem Meeresspiegel, jede weitere genau 1,95 Meter tiefer, die letzte auf der Schäre Natvigs Minde in der Hafeneinfahrt – zum Großteil bereits unter Wasser.

01 *Blick in die Vergangenheit: Holzhäuser in Alt-Stavanger*
02 *Futuristisch: Das Ölmuseum von Stavanger*

03 *Rund um den alten Hafen Vågen spielt sich …*
04 *… das touristische Leben Stavangers ab*

01
02
03
04
05
06
Horten
Tønsberg
Sandefjord
Larvik
Skien
Porsgrunn
Arendal
Kristiansand
Farsund
Flekkefjord
Egersund
Sandnes
STAVANGER

Sommerliche Strandfreuden

Die Südküste zwischen dem Oslofjord und Kristiansand ist für die allzeit sonnenhungrigen Norweger ein beliebtes Urlaubsziel. Egal, ob auf dem Campingplatz, in der Ferienwohnung oder in der eigenen Hütte – hier verlebt man gerne den Sommer. Wer ein eigenes Boot hat, der kann zwischen den Inseln und Schären kreuzen und sich seinen ganz persönlichen Traumstrand suchen.

01 KRAGERØ

Der Ort mit 10 000 Einw. liegt am gleichnamigen Fjord und ist im Sommer ziemlich überlaufen. Schon Edvard Munch hatte den Ort mit den engen Gassen und Plätzen und den weißen Holzhäusern geschätzt. Wegen der felsigen Küste hat die Stadt kaum Platz sich auszudehnen, und so wird jeder Quadratmeter genutzt.

SEHENSWERT Lohnend sind die neugotische **Kragerø-Kirche** am Ortseingang und der Aufstieg zum Aussichtspunkt **Steinmannen**. Im Geburtshaus des Märchenzeichners **Theodor Kittelsen** (1857–1914), der wie kein anderer die norwegischen Trolle gemalt hat, sind seine Werke zu sehen (Theodor Kittelsen vei).

MUSEUM Das **Berg-Kragerø-Museum** in einem Landsitz aus dem 19. Jh. zeigt lokalhistorische Ausstellungen (Lovisenbergveien 45; im Sommer Di.–So. 12.00 bis 17.00 Uhr).

UNTERKUNFT **Thon Hotel Åsgårdstrand,** Havnegaten 6, N-3179 Åsgårdstrand, Tel. 33 02 07 40, Fax 33 08 10 77, www.thonhotels.com. Modernes Hotel nahe Strand und Hafen, in dem man auf den Spuren von Edvard Munch wandeln kann. 70 Z.

UMGEBUNG Östl. liegt die ehem. Walfängerstadt **Sandefjord;** das Hvalfangstmuseum zeigt die Entwicklung vom Ruderboot zum Fabrikschiff (tgl. Mai–Mitte Juni 11.00–17.00, Mitte Juni bis Aug. 10.00–17.00, Sept. 11.00–16.00 Uhr). In der Sommerfrische **Åsgårdstrand** (35 km nordöstl. Sandefjord) ist das Haus des Malers Edvard Munch zu besichtigen (Edvard Munchsgata 25; Juni bis Aug. Di.–So. 11.00–18.00 Uhr).

Sommerfreuden auf der Insel Lyngør

Tipp

Norwegens Kornkammer

Bei der Fahrt auf der E 39 durch die südwestnorwegische Provinz Rogaland öffnet sich plötzlich die Landschaft, und der Blick kann über weite Wiesen und Felder schweifen. Rund 70 km lang und 15 km breit ist die Ebene von Jæren südlich Stavangers. Sie ist wegen des milden Klimas und der fruchtbaren Böden eines der größten landwirtschaftlichen Zentren Norwegens. Das Gebiet ist reich an flachen Küstengewässern, Flüssen und Seen, die wichtige Überwinterungs- und Durchzugsgebiete einer Vielzahl von Wasservögelarten sind. Jæren ist touristisch kaum erschlossen. Wegen der flachen Landschaft eignet es sich hervorragend für Fahrradtouren. Die kilometerlangen Sandstrände mit ihren Dünengürteln zählen zu den schönsten Norwegens – vor allem Orresanden westl. des kleinen Ortes Bryne.

INFORMATION
Kragerø Turistkontor, Torvgata 1, N-3770 Kragerø, Tel. 35 98 23 88, Fax 35 98 31 77, www.visitkragero.no

02 RISØR

Risør (9000 Einw.) wurde erstmals 1607 erwähnt, doch bereits im 15. und 16. Jh. kauften Holländer hier Holz ein. Am Ausgang von drei Fjorden entwickelte sich der Außenhafen zur Stadt. Die vornehmsten Kaufmannshäuser gruppierten sich zu Beginn um den Hafen. 1861 zerstörte ein Feuer 250 Gebäude. Dennoch blieb einiges vom Charme des 19. Jh. erhalten. Heute ist die lebendige Kleinstadt besonders bei Bootstouristen beliebt. Anfang August kommen zum Holzbootfestival Segelschiffe aus ganz Europa nach Risør.

SEHENSWERT Das **Norwegische Steincenter** zeigt eine der größten Mineraliensammlungen des Landes; außerdem werden Mineralien, Schmuck und Geschenkartikel verkauft (Havnegate 2; Mo.–Fr. 9.00–16.00, Sa. 10.00–14.00 Uhr, im Sommer länger). **Acanthus** (an der Str. 416, Tel. 37 14 92 70, tgl. 10.00–18.00 Uhr). Hochwertige Keramikprodukte von bekannten Designern. Skulpturenpark. Das **Risør-Aquarium** zeigt die Bewohner der küstennahen Gewässer (Tangengate; Juli tgl. 11.00–19.00, Mitte Juni bis Mitte Aug. 11.00 bis 18.00, sonst Sa. und So. 12.00 bis 16.00 Uhr).

RESTAURANT **Den Blå Lanterne,** N-4910 Lyngør, Tel. 37 16 64 80. Die beste und reichhaltigste Fischsuppe der Südküste enthält alles, was das Meer zu bieten hat.

UNTERKUNFT **Lyngørporten,** N-4912 Gjeving, Tel. 37 19 80 00, Fax 37 19 80 01, www.lyngoerporten.com. 49 luxuriöse Ferienwohnungen direkt am Wasser mit Blick auf Lyngør.

INFORMATION
Risør Turistkontor, Krags gate 3, N-4951 Risør, Tel. 37 15 22 70, Fax 37 15 22 23, www.risor.no

03 GRIMSTAD

Die charmante Kleinstadt (18 000 Einw.) erhielt 1816 Stadtrechte und blieb von großen Stadtbränden verschont. So sind viele der typischen weißen Holzhäuser erhalten und machen Grimstad zu einer echten Perle im Sørland. Die mit Kopfsteinen gepflasterten Gassen, an denen sich winzige Gärten drängen, erinnern noch an die Zeit, als Henrik Ibsen beim örtlichen Apotheker Reimann in die Lehre ging. Obendrein ist die Gegend von der Sonne verwöhnt, was die Besucher schätzen und die Obstbäume gedeihen lässt.

SEHENSWERT Auf dem Hügel Kirkheia steht die relativ nüchterne **Holzkirche** (1881) von Grimstad, immerhin zweitgrößte Norwegens. 3 km östl. vom Zentrum befindet sich die viel kleinere Steinkirche **Fjære** (Urspr. im 12. Jh.).

MUSEEN Das **Ibsenhaus** in der alten Apotheke mitten in der Stadt, zugleich das Stadtmuseum von Grimstad, ist ältestes (1909 gegründet) und größtes Ibsenmuseum Norwegens. Frisch konfirmiert kam Ibsen 1844 mit einer Schaluppe aus Skien in Grimstad an, um beim Apotheker Reimann für sechs Jahre in die Lehre zu gehen.

Die Jugendzeit in Grimstad spielt im Schaffen Henrik Ibsens (1828–1906) eine wichtige Rolle; hier schrieb er sein erstes Drama „Catilina" (1849) und wurde zu dem Gedicht über Terje Vigen inspiriert, das zum Großteil in der Schärenlandschaft von Grimstad spielt (Henrik Ibsensgate 14; Mitte Mai–Mitte Sept. Mo. bis Sa. 11.00 bis 17.00, So. 12.00–16.00, sonst nach Anmeldung).

VERANSTALTUNGEN Seit 1993 befindet sich das **Agder Theater** in dem aufgelassenen Steinbruch Fjæreheia bei Grimstad. Die Freilichtbühne hat mittlerweile 1000 Sitzplätze und bietet, auch wegen der ausgezeichneten Akustik, schöne Theateraufführungen und Konzerte (Infos zum Spielplan unter www. agderteater.no).

UMGEBUNG Die nordw. benachbarte Hafenstadt **Arendal,** größte der „Perlen", ist für ihre Holzhäuser unterschiedlicher Stilepochen bekannt, unter denen das Rathaus (um 1845) als einer der größten Holzbauten Norwegens herausragt.

INFORMATION
Grimstad Turistkontor, Storgata 1A, N-4891 Grimstad, Tel. 37 25 01 68, Fax 37 04 93 77, www.grimstad.net

04 KRISTIANSAND

Mit rund 74 000 Einw. ist Kristiansand Norwegens fünftgrößte Stadt. Gute Flug-, Zug- und Busverbindungen in alle Teile Norwegens und die Fährverbindungen ins Ausland machen die Stadt zum wichtigsten Verkehrsknotenpunkt im Süden des Landes. Mit dem zweitgrößten Hafen Norwegens lebt die Stadt in erster Linie von Handel, Industrie und Tourismus. Über 4500 Studenten besuchen die zwei Hochschulen. Kristiansand wurde 1641 vom dänischen König Christian IV. gegründet, der Stadtkern nach den Vorstellungen der Renaissance auf einem schachbrettartigen Straßenmuster erbaut; der regelmäßige Grundriss und die breiten Straßen sollten bei Bränden ein Ausbreiten des Feuers verhindern. Längst wurden diese engen Grenzen gesprengt, doch ist die „Quadratur" im Zentrum noch gut zu erkennen. Das Stadtbild wirkt wegen der vielen Steinhäuser allerdings nicht typisch norwegisch.

SEHENSWERT Größte Sehenswürdigkeit ist **Posebyen,** das alte Holzhausviertel am nordöstl. Ende der Gyldenløvesgate. 14 gut erhaltene Häuserblöcke mit niedrigen, weiß gestrichenen Holzhäusern, kleinen Innenhöfen und kopfsteingepflasterten Gassen bilden einen interessanten Kontrast zum modernen Kristiansand; es ist das größte zusammenhängende Viertel dieser niedrigen Holzhäuser in ganz Nordeuropa. Mitten im Zentrum steht die imposante neugotische **Domkirche** (1882–1885) mit ihrem 70 m hohen Turm (Juni und Aug. Mo.–Fr. 10.00–16.00, Sa. 10.00 bis 15.00 Uhr). Rund um den Dom drängen sich besonders im Sommer Marktstände und Straßencafés. An der Strandpromenade steht die Rotunde der Festung **Christiansholm,** 1672 von Fredrik III. erbaut (u.a. Kunstausstellungen; tgl. 9.00 bis 21.00 Uhr). Für einen Spaziergang bieten sich die Strandpromenade, der kleine Jachthafen und der Park mit den modernen Springbrunnen in der Nähe der Festung an.

MUSEEN Das **Sørlandets Kunstmuseum** zeigt norwegische Kunst aus dem 19. und 20. Jh. sowie wechselnde Ausstellungen moderner Künstler und Kunsthandwerker (Skippergate 24b; Juni–Aug. Di.–Fr. 11.00–16.00, Sa. und So. 12.00 bis 16.00, sonst Di.–Fr. 12.00–17.00 Uhr, Sa., So. 12.00–16.00). Das **Vest-Agder Provinzmuseum** ist ein Freilichtmuseum 3 km nordöstl. vom Zentrum, in dem rund 40 alte Gebäude originalgetreu aufgebaut wurden. Besonders sehenswert sind dort der Setesdalhof aus dem 17. Jh. und eine Kristiansander Häuserzeile aus dem 19. Jh. (Vigeveien 22B).

Nostalgische Setesdalbahn

1896 wurde die 78 km lange Eisenbahnstrecke zwischen Kristiansand und Byglandsfjord eröffnet und sollte das entlegene Setesdal mit der Hafenstadt verbinden. Für das Sägewerk in Byglandsfjord, die Nickelgruben in Evje und das Schmelzwerk Vigeland Bruk war sie von großer Bedeutung; 1962 wurde die unrentabel gewordene Schmalspurbahn eingestellt. Einem Verein von Eisenbahnenthusiasten ist es gelungen, ein 5 km langes Teilstück zwischen Grovane und Beihølen als Museumseisenbahn in Betrieb zu nehmen (Infos unter Tel. 38 15 64 82; Mitte Juni–Ende Aug. So. mehrere Fahrten tgl., im Juli auch Fahrten Di.–Fr.; www.setesdalsbanen.no)

VERANSTALTUNG Anf. Juli sorgen beim **Quart-Festival** norwegische und ausländische Künstler auf mehreren Bühnen für Stimmung.

UMGEBUNG Ein **Tier- und Freizeitpark** liegt rund 11 km östl. von Kristiansand. Der Vergnügungspark **Kardemonne By** bietet auch eine Badelandschaft (www. dyreparken.com; im Sommer tgl. 10.00 bis 19.00, Frühjahr und Herbst 10.00–17.00, Winter 10.00–15.00 Uhr).

INFORMATION
Destination Sørlandet Kristiansand, Vestre Strandgate 32, N-4612 Kristiansand, Tel. 38 12 13 14, Fax 38 02 52 55, www.sorlandet.com

05 MANDAL

Wie viele andere Küstenstädte kam auch Mandal durch den Holz- und Fischhandel mit dem Ausland zu Reichtum. Auch in Mandal blieben einige schöne Holzhäuser aus dem 18. und 19. Jh. erhalten.

SEHENSWERT Norwegens größte **Holzkirche** von 1821 bietet 1800 Sitzplätze. Im Sommer ist der Stadtstrand **Sjøsanden** gut besucht. Wer es ruhiger mag, der muss nur ein Stück durch den 100 ha großen Furulunden-Park gehen und kommt dann zu einer Reihe kleinerer Strände, die meistens nicht so voll sind.

UMGEBUNG Zum südl. Punktes Norwegens: Bei Vigeland zweigt die Straße 460 von der E 39 ab und führt durch eine immer karger und bizarrer werdende Landschaft bis zum **Kap Lindesnes** **TOPZIEL.** Von dem Leuchtturm auf den Klippen sind es 2518 km bis zum Nordkap, und er ist ein schöner Platz bei Sonnenuntergang.

INFORMATION
Turistkontoret Mandal, Bryggegata 10, N-4514 Mandal, Tel. 38 27 83 00, Fax 38 27 83 01, www.visitregionmandal.com

06 STAVANGER

Schon immer war Norwegens viertgrößte Stadt, in der heute rund 110 000 Menschen leben, vom Meer abhängig. Früher waren der Heringsfang und die Konservenindustrie wichtigste Einnahmequellen, seit in den 1970er-Jahren große Erdöl- und Erdgasfelder erschlossen wurden, lebt Stavanger vom Öl. Die großen Ölgesell-

Kap Lindesnes, südlichster Punkt Norwegens

schaften sitzen hier, und auch die Versorgung der Bohrinseln wird von hier koordiniert. So ist Stavanger seit Jahren die Boomtown Norwegens, mit dem schnellsten Wachstum und internationalem Flair, aber auch den höchsten Preisen.

SEHENSWERT Für einen ersten Überblick über das Zentrum von Stavanger bietet sich der **Valbergturm** an, 1850–1853 für den Nachtwächter errichtet. Der **Dom St. Svithun** aus dem 12. Jh. ist das beherrschende Gebäude im Zentrum und gilt mit dem Nidarosdom in Trondheim als bedeutendste Kirche Norwegens (Juni–Aug. tgl. 11.00–19.00 Uhr).

MUSEEN **Alt-Stavanger** (Gamle Stavanger) besteht aus 170 denkmalgeschützten Holzhäusern aus dem 18. und 19. Jh. Das **Stavanger Museum** (Muségate 16) zeigt Vögel und Tiere aus Norwegen und illustriert die Geschichte der Stadt. Im **Seefahrtsmuseum** (Nedre Strandgate 17) wird in einem alten Kaufmannshaus die Geschichte der Seefahrt gezeigt. Das **Norwegische Konservenmuseum** (Norsk Hermetikkmuseum, Øvre Strandgate 88) zeigt, wie der Fisch früher in die Dosen kam. **Ledaal** (1799; Eiganesveien 45) ist ein schönes Empiregebäude der Schriftstellerfamilie Kielland, **Breidablikk** (Eiganesveien 40a) eine herrschaftliche Reedervilla im Schweizerstil mit gut erhaltener Einrichtung (Stavanger Museum, Konservenmuseum Mitte Juni bis Mitte Aug. tgl. 11.00–16.00, sonst Di.–So., Seefahrtsmuseum, Breidablikk, Ledaal Mitte Juni bis Mitte Aug. tgl. 11.00–16.00, sonst So. 11.00–16.00 Uhr). Im neuen, außen futuristisch anmutenden **Ölmuseum** wird anschaulich vermittelt, wie sich in Millionen Jahren Erdgas und Erdöl gebildet haben und wie sie vor der Küste gefördert werden (Kjeringholmen; Juni–Aug. tgl. 10.00–19.00, sonst Mo.–Sa. 10.00–16.00, So. 10.00–18.00 Uhr).

RESTAURANTS **Sørensens Dampskibsexpedition,** Skagen 26, Tel. 51 84 38 20. Eines der besten Restaurants der Stadt bietet jede Woche ein neues Vier-Gänge-Menü der Extraklasse und eine gemütliche, nostalgisch angehauchte Einrichtung. **Sjøhuset Skagen,** Skagenkaien 16, Tel. 51 89 51 80. Norwegische und internationale Gerichte in einer maritimen, gemütlichen Atmosphäre.

UMGEBUNG **Kongeparken**, ca. 30 km südl. an der E 39 bei Ålgård, ist das Disneyland Norwegens (Mai–Aug. 10.00 bis 18.00 Uhr). In seiner Nähe befindet sich das **Badeland Havanna,** einer der größten Aquaparks Skandinaviens (tgl. 10.00–20.00 Uhr). Am **Hafrsfjord** wurden drei überdimensionale Schwerter in den Fels gerammt; das Denkmal soll an die Reichseinigung unter König Harald Hårfagre nach der Schlacht am Hafrsfjord 872 erinnern.

INFORMATION
Destinasjon Stavanger, Domkirkeplassen 3, N-4006 Stavanger, Tel. 51 85 92 00, Fax 51 85 92 02, www.visitstavanger.com

Tipp

Meeresdelikatessen

Seit 1988 strömen Feinschmecker Mitte August an vier Tagen nach Mandal. Dann platzt das kleine Städtchen an der Südküste aus allen Nähten, und 40 000 Besucher machen sich über das größte Schalentierbuffet der Welt her. Spitzenköche wetteifern um die besten Rezepte der Meeresdelikatessen und bereiten unter freiem Himmel in einem riesigen Wok Muscheln in feuriger Sahnesauce zu, die dann als Kostprobe an die Zuschauer verteilt werden. Die vier Tage von Mandal sind mittlerweile das größte Familienfestival Südnorwegens, und wer sich an Schalentieren satt gegessen hat, findet beim Rahmenprogramm auf den Bühnen bestimmt das Richtige.

Nicht versäumen!

ERLEBEN

Reif für die Insel
Lyngør ist eine winzige Insel vor der Schärenküste südlich von Risør. Die Insulaner haben erfolgreich der Abwanderung getrotzt und den Sprung in die Neuzeit geschafft und das, ohne ihre Idylle zu zerstören.

Siehe Nr. 02

KULTUR

Zu Besuch beim Dichter
Das älteste Ibsenmuseum Norwegens befindet sich in der alten Apotheke von Grimstad. Hier hat der 16jährige Ibsen im Jahr 1844 eine Lehre zum Apothekergehilfen begonnen und sein erstes Drama „Catilina" geschrieben.

Siehe Nr. 03

KULTUR

Eine Oase der Ruhe
Kristiansand ist eine quicklebendige, moderne Stadt. Ruhig geht es im historischen Stadtkern „Kvadraturen" zu. Das Viertel besteht aus schmucken Holzhäusern, die den großen Brand von 1892 überstanden haben.

Siehe Nr. 04

NATUR

Südlichster Punkt Norwegens
Immer karger und bizarrer wird die Landschaft auf dem Weg zum Kap Lindesnes mit seinem kleinem Leuchtturm. Südlicher geht es auf dem Landweg in Norwegen nicht mehr. Besonders schön ist es dort bei Sonnenuntergang.

TOPZIEL Siehe Nr. 05

KULTUR

Gamle Stavanger
Die denkmalgeschützten Holzhäuser von Alt-Stavanger bilden den denkbar größten Kontrast zur Ölmetropole Norwegens. Wer durch die engen Gassen schlendert, fühlt sich um mindestens 100 Jahre zurückversetzt.

Siehe Nr. 06

Einst vom Eis geformt

Mit seinen vielen Fingern, die sich weit ins Landesinnere vorschieben, ist der Hardangerfjord für viele der König der Fjorde. Blühende Obstplantagen vor der Kulisse der schneebedeckten Hardangervidda, senkrechte, abweisende Felswände, bunte Fischerdörfer und im Wasser glatt geschliffene Felsbuckel – das Fjordland bietet viel Abwechslung. Bergen, einst Hauptstadt, heute zweitgrößte Stadt des Landes, gibt sich selbstbewusst als wirtschaftliches und kulturelles Zentrum der Region, ohne seine Tradition als alte Hansestadt zu vergessen.

Bei Strandebarm ist der Hardangerfjord weit wie ein Binnensee

01

02

03

04

„Das Leben läuft fast so ab wie ein Bankett: Ich bin mittlerweile leider beim Käse angelangt, aber er schmeckt mir auch."

Edvard Grieg

Unendlich scheint die Zahl der Buchten, Inseln, Schären und Fjorde, aus denen die norwegische Küste von der Hauptstadt Oslo im Süden bis hinauf in den hohen Norden an der russischen Grenze gebildet wird. Doch nirgendwo sind die Fjorde beeindruckender als in Westnorwegen, dem klassischen Fjordland. Hier haben die Gletscher der letzten Eiszeit eine grandiose Landschaft geschaffen, in der die Menschen nur eine Nebenrolle spielen. Rund 200 Kilometer reicht der Hardangerfjord ins Land hinein und verästelt sich dabei zu einem imposanten Labyrinth aus Land und Meer. Noch spektakulärer anzuschauen sind aber häufig die kleinen Fjorde, nur einige hundert Meter breit und von fast senkrechten, oft mehr als 1000 Meter hohen Felswänden eingerahmt.

Ein Blick in die Tiefe

Einer der spektakulärsten Meeresarme ist der 40 Kilometer lange, oft aber nur einen Kilometer breite Lysefjord. An seinem nördlichen Ufer befindet sich mit dem Predigtstuhl eine der meistbesuchten Sehenswürdigkeiten des Landes. Jeden Sommer machen sich mehrere zehntausend Touristen auf die rund zweistündige Wanderung zur spektakulären Felskanzel. So muss man sich während der Sommerferien darauf einstellen, im Gänsemarsch über die Bohlenwege und Felsblöcke zu turnen und nie allein zu sein – ein für Norwegen durchaus ungewohntes Erlebnis. Eigentlich sollte der Predigtstuhl nichts Überraschendes mehr bieten, denn unzählige Male schon hat man das Bild gesehen, auf Kalendern, in Bildbänden oder Werbeprospekten. Doch die Realität ist noch beeindruckender, ja atemberaubend. Es ist der weite Blick auf die wilde Bergwelt und die grüne Wasserfläche des Lysefjords weit unten, auf der die Ausflugsboote wie Modellschiffe wirken. Und auf allen vieren oder auf dem Bauch legen nicht wenige die letzten Meter zurück, um das obligatorische Foto hinab zu machen.

Eine Stadt zum Wohlfühlen

„Ich bin aus Bergen!", verkünden die Bergenser stolz und in der festen Überzeugung, dass sie in der schönsten Stadt Norwegens leben. Vielleicht liegt es an der schillernden Vergangenheit als einst größte Stadt des Landes, Handels- und Hansestadt mit weltweiten Verbindungen, kirchlichem Mittelpunkt Westnorwegens und Zentrum des kulturellen Lebens. Warum ist dann Oslo heute Hauptstadt? Vielleicht hat es nur am Wetter gelegen, bei dem Oslo klar die Nase vorn hat, denn Bergen ist eine Regenstadt, in der man eigentlich

01 *Alte Kaufmannshäuser reihen sich an Bergens Vorzeigezeile Bryggen*
02 *Erinnerungen an vergangene Zeiten: Detail auf Bryggen*
03 *Holz ist das bevorzugte Baumaterial in Gamle Bergen*
04 *Musikerhaushalt: in Griegs Villa Troldhaugen*

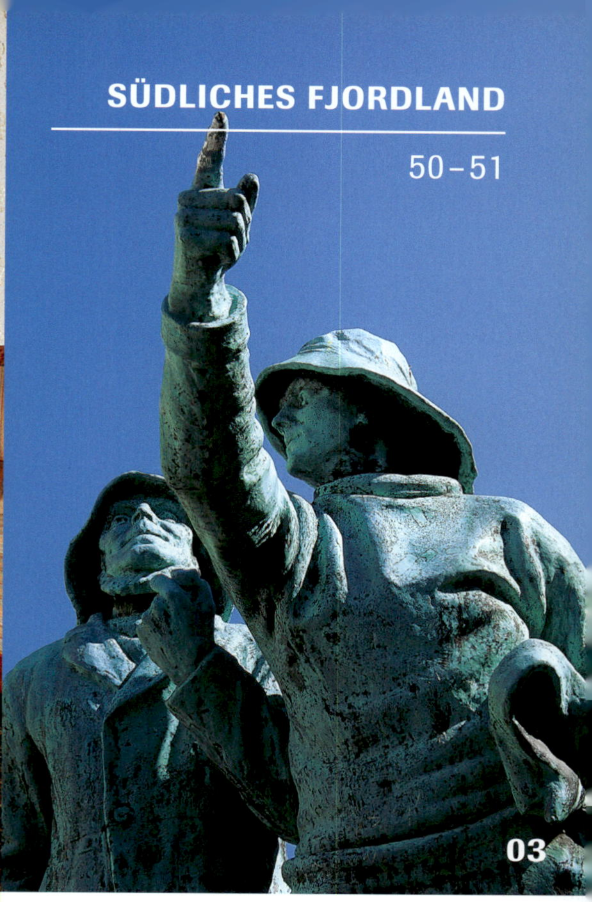

SPECIAL Hardangerfjord

Obst vom Sonnenfjord

Ist dies wirklich Norwegen, fragen sich viele beim Anblick der blühenden Obstbäume am Sørfjord?

Blütenzauber

Ende Mai sind die Berge um den Hardangerfjord meist noch schneebedeckt. Doch an den Fjordufern stehen schon 400 000 Obstbäume in voller Blüte, ein Anblick, der so ganz und gar nicht zu dem Image des kalten Norwegens passt. Besonders am Sørfjord, einem der Nebenarme des Hardangerfjordes, sind die Abhänge voll von weiß und rosa blühenden Apfel-, Birnen, Pflaumen- und Kirschbäumen. Ein weiterer Farbtupfer sind die zu dieser Zeit sattgrünen Wiesen, die von Blumen übersät sind. Der Obstanbau geht bis ins 13. Jahrhundert zurück, als Zisterziensermönche in ihrem Kloster Obst und Gemüse anbauten. Nach der Reformation gerieten die Obstkulturen am sonnigen Sørfjord in Vergessenheit, da die Mönche ihr Kloster aufgeben mussten. Erst im 18. Jahrhundert begannen die Bauern am Hardangerfjord wieder, Obstplantagen anzulegen. Im Sommer verkaufen viele an Straßenständen die neue Ernte, wobei sich Kirschen besonderer Beliebtheit erfreuen.

Von wegen unwirtlicher Norden: Obstblüte am Sørfjord bei Lofthus

nie ohne Schirm vor die Tür gehen sollte. Trotzdem wirken die Bergenser ganz und gar nicht griesgrämig, eher das Gegenteil ist der Fall. Bergen ist eine junge, lebendige Stadt, nicht zuletzt wegen der vielen Studenten, die Straßenbild und Szene prägen. Bergen ist aber auch eine Touristenstadt, die eigentlich das ganze Jahr über Saison hat. Zu sehen gibt es in und um Bergen genug. Dazu zählt natürlich Bryggen, das Holzhausviertel, das noch ein wenig wie zu Zeiten der Hanse aussieht. Außerdem gibt es sehenswerte Museen, zahlreiche enge Gassen mit ihren Holzhäusern und einige Bürgerhäuser jüngeren Datums – allerdings trübt auch so manch einfallsloser Betonbau den positiven Gesamteindruck.

20 Jahre für 20 Kilometer

Die Bremsen sind das Wichtigste, immerhin bewältigt der Zug von der kargen Hochebene der Hardangervidda bis hinunter zum Auerlandsfjord knapp 900 Höhenmeter auf einer Strecke von nur 20 Kilometern. Der Bau der Flåmbahntrasse begann 1923 und wurde mit der Elektrifizierung 1944 abgeschlossen. Fast alle der 18 Tunnel wurden von Hand durch das Gebirge getrieben, jeder Meter bedeutete für die Wanderarbeiter einen Monat harte Arbeit. Um durch Lawinen gefährdete Ge-

01 *Aurlandsfjord, von Aurlandsvegen gesehen*
02 *Noch wie im 18. Jahrhundert: das „Utne Hotel"*
03 *Haugesunds Fischerdenkmal: vergangene Arbeitswelten*

01

biete zu umgehen, muss der Zug drei Mal den Fluss überqueren und durch einen Wendetunnel fahren. Nach diesen Schwierigkeiten haben die Norweger nie wieder versucht, eine weitere Bahnlinie durch das Fjordland zu legen.

Ja, wir lieben dieses Land, das, vom Meer zernagt und durchfurcht, mit tausend Heimen aus den Fluten ragt.

Ursprünglich für den Gütertransport gebaut, ist die Flåmbahn als eine der spektakulärsten Bahnlinien heute Touristenziel. An den Aussichtspunkten fährt der Zug besonders langsam, und am Vatnahalsen, wo das ganze Flåmtal mit den auch im Sommer schneebedeckten Bergen zu überblicken ist, legt er einen Fotostopp ein.

01 *Auf dem Prekestol*
02 *Blütezeit in der Baronie Rosendal*
03 *Herrschaftliche Wohnkultur: Rosendal-Bibliothek*

01
BERGEN
02
03
04
05
06
07
08
STAVANGER
Haugesund
Hordaland
Hardangervidda
Hardangerjøkulen
Folgefonna
Hardangerfjorden
Bjørnafjorden
Boknafjorden
Sognefjorden
Voss
Aurland
Flåm
Myrdal
Vatnahalsen
Finse
Eidfjord
Kinsarvik
Lofthus
Ullensvang
Odda
Tyssedal
Skjeggedalsfoss
Låtefossen
Røldal
Haukelifjell
Sauda
Leirvik
Stord
Tysnesøy
Osterøya
Askøy
Sotra
Karmøy
Utsira
Finnøy
Rennesøy
Ryfylke
Preikestolen
Jøsendal
Kvinnherad
Rosendal
Vøringsfossen
Steinsdalsfossen
Skjervefossen
Tvinnefoss
Langfoss
E16
E39
E134
13
Setesdalsheiene
Lerwick
Fedje
Sandøy
Modalen
Stalheimskleiva
Troldhaugen
Lysekloster
Utsteinkloster
Bergsdalen
Vindafjord
Vikedal
Ølen
Suldalsvatnet
Songesand
Svartevatn

Vom Blütenmeer zur Hansestadt

Bergen, die zweitgrößte Stadt Norwegens, ist die unumstrittene Metropole des südlichen Fjordlandes. Ob Fischmarkt, Museen oder das alte Holzhausviertel Bryggen, Bergen lohnt in jedem Fall einen längeren Aufenthalt. Wer das Umland von Bergen erkundet, wird immer wieder auf den weit ins Land reichenden und sich vielfach verzweigenden Hardangerfjord stoßen.

01 BERGEN

Schon 1070 erhielt Bergen die Stadtrechte, im 13. Jh. war es Hauptstadt Norwegens. Bis 1830 die größte Stadt des Landes, ist Bergen mit rund 230 000 Einw. heute nach Oslo die zweitgrößte Stadt Norwegens. Die günstige Lage am Byfjord war ab dem 12. Jh. Grundlage für Kontakte in die ganze Welt. Rund 500 Jahre (bis 1764) betrieben hanseatische Kaufleute hier eine ihrer wichtigsten Handelsstationen. Bis heute ist Bergen wichtiger Fisch- und Außenhandelsplatz.

SEHENSWERT Die Häuser des Zentrums gruppieren sich um das Hafenbecken **Vågen,** an dem wochentags ein Fischmarkt stattfindet. An einem Ufer liegt **Bryggen** **TOPZIEL** (UNESCO-Welterbe), gut zu erkennen an der Front der bunten, nach dem Brand von 1702 gebauten Holzhäuser. Sehenswert sind auch die einst deutsche **Marienkirche,** eine der schönsten romanischen Kirchen Norwegens (Urspr. 12./13. Jh.; Kanzel 17. Jh.), die **Håkonshalle,** früher Königssitz (13. Jh.), und der **Rosenkrantzturm,** ein Festungs- und Wohnturm (13. und 16. Jh.) im Bereich der mittelalterlichen Festung Bergenhus. Die Fahrt mit der Standseilbahn auf den Hausberg **Fløyen** bietet einen Panoramablick auf die Stadt (319 m; Mai–Aug. Mo.–Do. 7.30–23.00, Fr. bis 24.00, Sa. ab 8.00, So. ab 9.00 Uhr). Noch spektakulärer ist der Blick vom **Ulriken,** dem höchsten der sieben Berge um Bergen (642 m; tgl. Shuttlebus vom Fischmarkt zur Seilbahn, Juni–Aug. 9.00–21.00, Mai u. Sept. 9.00 bis 17.00, sonst 10.00–17.00 Uhr).

Bryggen in Bergen: Hanseatisches Museum

Tipp

Bergen Card

Die Bergen Card berechtigt zu beliebig vielen Fahrten mit den Stadtbussen, gewährt freies Parken und Eintritt in die meisten Museen und Sehenswürdigkeiten. Außerdem gibt es Ermäßigungen bei kulturellen Veranstaltungen, Sightseeingtouren und in einigen Restaurants. Sie ist im Turistkontor, auf Campingplätzen, im Hauptbahnhof und am Strandkai erhältlich und kostet für 24 Std. ca. 24 € (Kinder ca. 9 €) und für 48 Std. ca. 31 € (Kinder ca. 12 €).

MUSEEN Das **Bergen Kunstmuseum** umfasst die Rasmus-Meyers-Sammlung, die Stenersens-Sammlung und die Städtische Galerie; in drei Gebäuden am Parksee Lille Lungegårdsvann werden Kunstwerke vom 13. Jh. bis zur Gegenwart gezeigt (Rasmus Meyers Allé 3, 7 und 9; tgl. 11.00–17.00 Uhr). Im **Bergen Museum** sind kultur- und naturhistorische Sammlungen vom Altertum bis zur Neuzeit untergebracht (Haakon Sheteligs plass 10 und Muséplass 3; Juni–Aug. Di. bis Fr. 10.00–16.00, Sa., So. 11.00–16.00, sonst Di. bis Fr. 10.00–15.00, Sa., So. 11.00–16.00 Uhr). Mit der Geschichte der Stadt und archäologischen Ausgrabungen befasst sich das **Bryggen Museum** nahe der Marienkirche (Mai–Aug. tgl. 10.00–17.00, sonst Mo.–Fr. 11.00–15.00, Sa. 12.00–15.00, So. 12.00–16.00 Uhr). Das **Hanseatische Museum** ist in einem der ältesten Holzgebäude der Stadt untergebracht und vermittelt ein Bild vom kaufmännischen Leben während der Hansezeit (Bryggen; Mitte Mai–Mitte Sept. tgl. 9.00–17.00, sonst Di.–Sa. 11.00–14.00, So. 11.00–16.00 Uhr).

RESTAURANTS **Enhjørningen,** Bryggen, Tel. 55 30 69 50. Bergens bestes Fischrestaurant in einem ehem. Hansekontor – klein, gemütlich, stilvoll und immer gut besucht. **Bryggen Tracteursted,** Bryggen, Tel. 55 31 40 46. Die Fischsuppe in der 300 Jahre alten Gastwirtschaft ist über jede Kritik erhaben. **Café Opera,** Engen 18, Tel. 55 23 03 15. Studentenkneipe und Journalistentreff gegenüber vom Theater in einem alten weißen Holzhaus, in dem es auch noch nach Mitternacht etwas zu essen gibt.

UNTERKUNFT **Hotel Sandviken Brygge,** Sandviksveien 94, N-5035 Bergen, Tel. 55 39 61 00, Fax 55 39 61 50, sandvikenbrygge@thonhotels.no. Modernes Hotel mit 46 Z.

UMGEBUNG Die Stabkirche von **Fantoft** (6 km südl.), um 1150 in Fortun am Sognefjord errichtet, wurde originalgetreu rekonstruiert (Mitte Mai–Mitte Sept. tgl. 10.30–14.00 und 14.30 bis 18.00 Uhr). Am Nordås-See hatte sich der weltberühmte Komponist Edvard Grieg (1843–1907) auf einem kleinen Hügel die **Villa Troldhaugen** gebaut, verspielt mit Türmchen und Veranda, in der er 22 Jahre gelebt hat; das Innere blieb unverändert (Mai–Sept. tgl. 9.00–18.00, Okt., Nov., April Mo.–Fr. 10.00–14.00 Uhr). Die Holzvilla im maurischen Stil des Komponisten und Geigers Ole Bull (1810–1880) steht inmitten wunderschöner Landschaft auf der Insel **Lysøen** (25 km südl.; Mitte Mai–Ende Aug. Mo.–Sa. 12.00–16.00, So. 11.00–17.00 Uhr); das **Freilichtmuseum Gamle Bergen** auf dem Landsitz Elsesro 4 km nördl. 40 charakteristische Holzhäuser aus dem 18.–20. Jh. zeigen das Leben von früher (Mai bis Anf. Sept. tgl. 9.30–17.00 Uhr).

INFORMATION
Bergen Turistkontor, Vågsallmenningen 1, N-5014 Bergen, Tel. 55 55 20 00, Fax 55 55 20 01, www.visitbergen.com

02 VOSS

Die Lage direkt am See Vangsvatnet inmitten einer sehenswerten Natur könnte kaum schöner sein, doch wurde der Ort nach den Zerstörungen 1940 sehr nüchtern wieder aufgebaut. Die Umgebung von Voss ist wegen der zahlreichen Angebote zum Reiten, Wandern, Klettern, Raften, Angeln, Paddeln und Fallschirmspringen ein Paradies für Aktivurlauber. Im Winter ist Voss ein beliebtes Alpinzentrum.

SEHENSWERT Architektonisches Schmuckstück ist **„Fleischer's Hotel“,** ein imposanter Holzbau direkt am Seeufer (1864), der allerdings durch den modernen Anbau an Charme verloren hat (Evangervegen 13, Tel. 56 52 05 05, www.fleischers.no). Lohnend ist die Fahrt mit der Hangursbahn auf den Hausberg, der einen **Panoramablick** über Voss bietet; die Bergstation ist ein beliebter Ausgangspunkt für Wanderungen (Juni bis Aug. tgl. 11.00–17.00 Uhr).

MUSEUM Das Freilichtmuseum **Mølstertunet** zeigt Beispiele alter Baukunst und eine Sammlung von Gebrauchsgegenständen (Mitte Mai–Mitte Sept. tgl. 10.00–17.00, sonst Mo.–Fr. 10.00–15.00, So. 12.00–15.00 Uhr).

UNTERKUNFT **Stalheim Hotel,** N-5715 Stalheim (35 km nördl.), Tel. 56 52 01 22, www.stalheimhotel.hl.no. Einmalige Lage mit atemberaubendem Blick ins Nærøytal. Der Kaffee auf der Terrasse ist Pflicht.

UMGEBUNG Der **Tvinnefoss,** 15 km nördl. direkt an der E 16, fließt in mehreren Stufen zu Tal.

INFORMATION
Voss Turistkontor, Uttrågata 9, N-5701 Voss, Tel. 56 52 08 00, Fax 56 52 08 01, www.visitvoss.no

03 FLÅM

Der kleine Ort am Aurlandsfjord wird im Sommer jeden Tag von einigen tausend Touristen aus so ziemlich jedem Land der Welt heimgesucht. Die meisten kommen für einen Kurzbesuch, über Nacht bleibt kaum jemand. Große Attraktion ist die Flåmbahn – noch 1996 sollte sie stillgelegt werden.

SEHENSWERT Die **Flåmbahn** TOPZIEL verkehrt Mitte Juni–Mitte Sept. zwischen ca. 8.30 und ca. 19.00 Uhr zehn Mal pro Tag nach Myrdal und zurück, sonst nur vier Mal (Info: Tel. 57632100 oder www. flaamsbana.no).

UMGEBUNG Der 18 km lange **Nærøyfjord** ist einer der engsten Fjorde Europas, dessen Felswände 1000 m aufragen. Neben Ausflugsbooten gibt es auch eine Autofähre, die mehrmals tgl. die Strecke Gudvangen- Kaupanger–Lærdal befährt.

INFORMATION
Flåm Turistkontor, Bahnhof, Postboks 53, N-5742 Flåm, Tel. 57 63 21 06, www.alr.no

04 KINSARVIK

Das kleine Dorf liegt in einer Bucht zwischen Sørfjord und Eidfjord. Es bietet sich für Wanderungen auf die Hardangervidda an. Ende Mai findet das Hardanger Musikfest statt.

SEHENSWERT Die **Kirche** wurde um 1160 im romanischen Stil erbaut und ist damit eine der ältesten Steinkirchen Norwegens. Der **Hardanger Ferienpark** ist mit seinen Schwimmbecken und Wasserrutschen bei Kindern beliebt.

UMGEBUNG Edvard Grieg hat zeitweise in **Lofthus** (südl.) gelebt und dort einige seiner bekanntesten Werke komponiert; seine Komponistenhütte steht im Garten vom Hotel Ullensvang. Das Hardanger Folkemuseum in **Utne** (nordw.) zeigt historische Gebäude sowie Ausstellungen über Geigenbau, Volkstrachten und Volksmusik (Tel. 53 67 00 40; Juni–Aug. tgl. 10.00–17.00, sonst Mo.–Fr. 10.00–16.00 Uhr). Das Utne Hotel, 1722 eröffnet, lässt das 18. Jh. aufleben. Die Geschichte der Hofsiedlung **Agatunet** (südw.) reicht ins Mittelalter zurück, heute stehen 30 Häuser unter Denkmalschutz (Tel. 53 55 38 70; Mitte Mai–Mitte Aug. tgl. 11.00–17.00 Uhr).

INFORMATION
Kinsarvik Turistkontor, N-5782 Kinsarvik, Tel. 53 66 31 12, Fax 53 66 32 03

05 ODDA

Vor rund 100 Jahren war Odda wegen seiner Lage direkt am Sørfjord noch ein beliebtes Reiseziel, wo sogar der deutsche Kaiser Wilhelm II. vorbeischaute. Doch dann nahmen der Ausbau der Wasserkraft und die Industrialisierung dem Ort den Charme.

VERANSTALTUNG Während des Sommers finden in der **Baronie Rosendal** (westl. am Hardangerfjord) regelm. Kulturveranstaltungen statt (Tel. 53 48 29 99, www.baroniet.no).

UMGEBUNG Über eine 400 m lange Wassertreppe stürzt der **Låtefoss** von der Hardangervidda zu Tal (15 km südl.). Der **Folgefonn-Gletscher** ist der drittgrößte Gletscher Norwegens; von Odda führt eine 6 km lange Straße zu einem Gehöft, Ausgangspunkt der rund einstündigen Wanderung zur Gletscherzunge. An Wo-

Tipp

Das Tal der Wasserfälle

Der Aufstieg durch das Kinsotal beginnt in dem kleinen Ort Kinsarvik am Sørfjord und führt bis auf die Hochebene der Hardangervidda und zur DNT-Hütte Stavali, die man nach 5–6 Std. erreicht. Rund 1000 Höhenmeter sind entlang dem wasserreichen Kinsofluss zu bewältigen, dessen Wassermassen in drei großen Wasserfällen spektakulär zu Tal stürzen. Einer von ihnen, der Søtefoss, zählt mit einer Gesamthöhe von 273 m zu den höchsten Wasserfällen Norwegens. Seine feinen Wasserschleier sorgen dafür, dass auf den Felsbrocken am Fluss dicke, üppig grüne Moosteppiche wachsen und die Bäume lange Epiphytenbärte tragen. Die Wildheit des Tales, die Ausblicke auf den immer enger werdenden Fjord, die ungebändigten Wasserfälle und schließlich der Blick über die kahle Hardangervidda machen diese Wanderung zu einer der schönsten Tagestouren Norwegens.

Spaß für Groß und Klein – die Flåmbahn

chenenden organisiert das Touristenbüro Touren zum Gletscherplateau. Von Jondal führt eine Straße zum Folgefonn-Sommerskigebiet.

INFORMATION
Odda Turistkontor, N-5751 Odda, Tel. 53 65 40 05, Fax 53 65 40 01, www.visitodda.com

06 HAUGESUND

Haugesund wurde zwar schon 1217 von dem Chronisten Snorre Sturlason erwähnt, hatte aber bis zur Mitte des 19. Jh. nur einige hundert Einw. Heute sind es 30 000 Einw., von denen viele in der Erdölindustrie arbeiten. Höhepunkt des Jahres ist das einwöchige Filmfestival, auf dem der Amanda-Preis, der norwegische Oscar, verliehen wird.

SEHENSWERT Das rosafarbene Rathaus von 1931, ein Geschenk des Reeders Knut Knutsen, ist das bemerkenswerteste Gebäude der Stadt, die sich als bunte Mischung aus Holzhäusern und modernen Betonbauten präsentiert. Eines der wichtigsten norwegischen Monumente, der **Haraldshügel,** liegt 1,5 km nördl. In ihm wurde 930 König Harald Hårfagre (Schönhaar) beigesetzt. Das Monument besteht aus einem zentralen Obelisken, den 29 weitere Steine umgeben. Die **Bildergalerie** gehört mit mehr als 1000 Exponaten zu den größten Norwegens (Erling Skjalgssonsgata 4; www.haugesund-billedgalleri.net).

Tipp

Wie ein Adlernest

Immerhin sind es 600 schweißtreibende Höhenmeter vom Kraftwerk im Simadalen am Ufer des Eidfjords bis zur Kjeåsen-Alm, die wie ein Adlernest an der fast senkrechten Felswand klebt. Kaum zu glauben, dass dieser steile Klettersteig bis vor Kurzem der einzige Zugang zur Alm war, über den Menschen, Tiere und Waren im Frühjahr auf den Berg und im Herbst wieder hinuntergeschafft werden mussten. Der Grund, warum die Menschen derartige Plackereien auf sich nahmen, waren ein paar Hundert Quadratmeter Weideland, im Fjordland eine Kostbarkeit, die einer Familie ein bescheidenes Auskommen sicherten. Seit beim Kraftwerkbau ein Tunnel in den Berg gesprengt wurde, ist Kjeåsen nicht mehr die einsamste Alm Norwegens, in wenigen Minuten kann man mit dem Auto hochfahren, um im Almhaus einen Kaffee zu trinken.

INFORMATION
Haugesund Turistkontor, Strandgata 171, N-5525 Haugesund, Tel. 52 01 08 30, www.haugesund.no

07 SKUDENESHAVN

Die Insel Karmøy wurde schon früh besiedelt, und Avaldsnes war Norwegens erster Königssitz. Der Fischerort Skudeneshavn entstand vor knapp 200 Jahren und ist eine der bestbewahrten Kleinstädte Norwegens.

MUSEEN Das Museum **Mælandsgården** in Skudeneshavn besteht aus einer Kaufmannswohnung mit Geschäft, Packhaus und alter Werkstatt (Ende Mai–Aug. Mo.–Fr. 11.00–17.00, So. 12.00 bis 18.00 Uhr). Das **Rogaland Fischerei Museum** in Åkrehamn widmet sich der Vergangenheit der Insel als Fischereizentrum; das Packhaus ist eine der wenigen Anlagen zum Einsalzen von Heringen, die immer noch intakt ist. Aus der **Grube von Visnes** stammt das Kupfer der Freiheitsstatue in New York; im Museum wird die Geschichte des Kupferbergwerks gezeigt (Mitte Mai–Mitte Aug. Mo.–Fr. 11.00–17.00, So. 13.00 bis 18.00 Uhr).

VERANSTALTUNGEN Mitte Juni findet das **Wikingerfestival** (www.vikingfestivalen.no) auf historischem Boden statt, beim **Skudefestival** (www.skudefestivalen.no) Anf. Juli kommen viele historische Schiffe nach Skudeneshavn.

INFORMATION
Karmøy Turistkontor, N-4280 Skudeneshavn, Tel. 52 85 80 00, www.skudeneshavn.no

08 LYSEFJORDEN

Spektakuläre Ausblicke bieten die Wanderrouten entlang des Lysefjorden. Am Anfang des Fjordes informiert in Oanes das Lysefjordcenter über die Region.

AKTIVITÄTEN Die Wanderung vom Parkplatz an der Prekestolhütte bis zur Felskanzel dauert ca. 2 Std.; Ausflugsboote fahren mehrmals tgl. von Stavanger bis zum Fuß des **Prekestol** **TOPZIEL** und zum Ende des Fjordes (Dauer ca. 3–4 Std.). Im Sommer verkehrt eine Autofähre von Stavanger über Lauvvik nach Lysebotn; hier führen dann 27 Haarnadelkurven auf 900 m Höhe bis zum Panoramarestaurant Øygardstølen, wo die Wanderung zum **Kjerag** beginnt, einem spektakulär zwischen zwei Bergen eingeklemmten Felsblock (Dauer ca. 3 Std.).

Nicht versäumen!

KULTUR

Nicht nur Regen
Vom Ruf Bergens als Regenhauptstadt Europas sollte man sich nicht abschrecken lassen. Wenn es doch mal regnen sollte, kann man statt auf Bryggen zum Bummeln immer noch ins Hanseatische Museum oder ins Kunstmuseum gehen.

TOPZIEL Siehe Nr. 01

NATUR

Bergsteigen mit der Bahn
Knapp 900 Höhenmeter auf 20 km Strecke: Die Flåmbahn ist ein Kletterkünstler. Durch 18 Tunnel muss sie auf dem Weg vom Auerlandsfjord zur Hardangervidda hinauf schnaufen, an Aussichtspunkten fährt sie besonders langsam.

TOPZIEL Siehe Nr. 03

ERLEBEN

Zwischenstopp mit Fjordblick
Utne ist gleich aus mehreren Gründen eine Empfehlung wert: Wegen der Lage am imposanten Hardangerfjord, wegen des Hardanger Folkemuseums und vor allem wegen des ehrwürdigen, im Jahre 1722 erbauten, Utne Hotels.

Siehe Nr. 04

AKTIV

Eiskaltes Vergnügen
Dem drittgrößten Gletscher Norwegens, dem Folgefonn, kann man sich von drei Seiten aus nähern: von Sundal im Westen, von Jondal im Norden und von Buer im Osten. Eine schöne Wanderung führt durchs Buertal bis zur Eiskante.

Siehe Nr. 05

NATUR

Wanderung mit Ausblick
Wer zum Lysfjord kommt, der wandert zur Felskanzel Prekestol. Etwas weniger bekannt, aber genauso spektakulär ist der Fußmarsch zum Kjerag, einem zwischen zwei Bergen eingeklemmten Felsblock am Ostende des Lysefjord.

TOPZIEL Siehe Nr. 08

Sonnige Fjorde, eisige Gletscher

Die Kontraste könnten kaum größer sein, denn von den Ufern des sonnigen Sognefjordes bis zum größten Gletscher Norwegens, dem Jostedalsbre, sind es nur wenige Kilometer. Neben dem längsten Fjord gibt es hier auch noch das beliebteste Fotomotiv des Landes – den Blick hinab in den Geirangerfjord. Zudem erwarten den Besucher der südlichste Vogelfelsen und mit Ålesund die schönste Jugendstilstadt Norwegens.

In kurzen Hosen vor ewigem Eis: Der Nigardsbre gehört zu den meistbesuchten Gletschern

01

02

So einfach ist die Frage nicht zu beantworten, wer den Titel „König der Fjorde" verdient hat. Ist die Größe das Kriterium, machen Hardanger- und Sognefjord die Sache unter sich aus, aber auch der Geirangerfjord und einige schmale Handtücher sind durchaus nicht chancenlos. An seiner Mündung wirkt der mächtige Sognefjord manchmal gar nicht „norwegisch", denn an einem warmen Sommertag könnte seine spiegelglatte Wasserfläche durchaus zu einem italienischen See gehören. Doch je weiter man ihm ins Landesinnere folgt, desto typischer wird er, und am Ende seiner feinen Verästelungen entspricht er dann doch noch dem Idealbild eines Fjordes. Die Menschen an seinen Ufern hatten es nie leicht, denn Fjorde, Fjells und der mächtige Jostedalsbre waren jahrhundertelang nur schwer zu überwindende Hindernisse. Auch heute noch ist das Vorwärtskommen in Westnorwegen mühsam, die Straßen schlängeln sich schmal und kurvig an den zigfach gefalteten Fjordufern entlang. Oft muss jeder Meter in den Fels gesprengt werden, und wegen der Tiefe der Fjorde sind auch Brücken selten eine Alternative. So bleiben nur Fähren, die Straßen zu verbinden.

Die Landschaft ist so schön, dass es innerlich schmerzt. Ich erlebe meine Heimat auf eine ganz neue Art.

Ein Hauch von Nostalgie

Kaiser und Könige kommen schon lange nicht mehr, trotzdem ist in dem kleinen Ort Balestrand am Sognefjord noch immer etwas von der Noblesse und Nostalgie des 19. Jahrhunderts zu spüren. Vielleicht liegt es an den mit Schnitzereien verzierten Holzvillen. Oder an „Kvikne's Hotel", einem strahlend weißen Holzbau direkt am Fjordufer. Mit eigenem Strand und Jachthafen ist es auch darauf eingerichtet,

01 *Schnitzdetail an der Stabkirche von Urnes*
02 *Die Stabkirche von Urnes*
03 *Haus im Schweizerstil in Balestrand*
04 *Stabkirche in Balestrand*

01

02

03

04

05

„Eine kühne Riesenform wilder und schöner als die andere. Es ist eine Märchenwelt für sich, ein Traumland.“

Fridtjof Nansen

die Creme der Gesellschaft zu empfangen und sie „very british“ zu bewirten. Früher lag der Ort an der innernorwegischen Hauptroute nach Bergen, was mit ein Grund dafür war, dass während der „Kaiserzeit“ auch der König von Siam, der Prinz von Ägypten und Kaiser Wilhelm II. zu den hofierten Gästen zählten. Mit dem Ersten Weltkrieg war es mit der Herrlichkeit vorbei, und Balestrand geriet in Vergessenheit. Und so hätten wohl auch heute noch die romantischen „Balestrandmaler“ ihre Freude an dem kleinen, verträumten Ort am Sognefjord-Nordufer.

Ein Bilderbuchfjord

Eigentlich hat der kleine Ort Geiranger nichts Besonderes zu bieten. Braucht er auch nicht, allein die Lage am Ende „seines“ Fjordes hat Anziehungskraft genug. Schon als hier die ersten Dampfer anlegten, schwärmten die Besucher vom Geirangerfjord, von seinen fast senkrechten Felswänden, zum Greifen nah, von Wasserfällen mit Namen wie „Brautschleier“, „Sieben Schwestern“ oder „Freier“. An dieser Schönheit hat sich bis heute nichts geändert, und so ist der Geirangerfjord bekanntestes Fotomotiv Norwegens. Vor allem mit den weißen Kreuzfahrtschiffen, von denen an manchen Tagen gleich drei im Fjord vor Anker liegen.

Doch erstaunlich reibungslos läuft die tägliche Invasion ab, wenn im Sommer auch noch das Hurtigrutenschiff einläuft, denn nur ein Teil nimmt die Souvenirläden mit den Trollen und Norwegerpullovern in Augenschein, die meisten erklimmen, in Busse verfrachtet, die Serpentinen des Adlerwegs, um von einer der letzten Kurven weit über den Fjord zu schauen. Auch auf der anderen Seite von Geiranger führen Serpentinen den Berg hinauf, zum Flydalsjuvet, einem Platz, von dem die Kalenderfotos gemacht werden.

In eisiger Schönheit

Gletscher sind launisch und unberechenbar, aber auch wunderschön. Dies gilt besonders für Norwegens größten, den Jostedalsbre. Seit der letzten Eiszeit ist seine Eiskappe mehrfach gewachsen und wieder geschrumpft – zurück blieben Moränen genannte Schuttwälle. Auffällig sind diese Moränen auf der Fahrt zur Gletscherzunge Nigardsbre. Um 1750 endete das Eis fünf Kilometer weiter unten im Jostedal, zu dieser Zeit wuchs der Gletscher erschreckend und begrub viele Höfe unter sich. Dann wurde es wärmer, das Eis zog und zieht sich wieder zurück, seit 1900 um mehr als drei Kilometer. In sanften Kurven fließt sein Eis vom Gletscherplateau mit tiefen Spalten und meterhohen Türmen

01 *Schlichte Unterkunft: Berghütten auf dem Gaularfjell*
02 *Unterhalb des Briksdalsbre bildet der Gletscherfluss einen Wasserfall*
03 *An der Gletscherzunge des Briksdalsbre*
04 *Mit Blick auf die Kondition: Sommertraining*
05 *Blick von Flydalsjuvet auf den Geirangerfjord*

01

02

03

SPECIAL Ålesund

Stadt der schönen Fassaden

Den schönsten Blick auf Ålesund genießt man vom Hausberg Aksla. Das Stadtbild wird gerahmt von der umgebenden Inselwelt.

Nationalromantischer Jugendstil

Im Januar 1904 brach in Ålesund ein Großfeuer aus, das binnen 16 Stunden zehntausend Menschen obdachlos machte. Nur wenige Häuser haben diese Katastrophe überstanden, Ålesund musste praktisch neu gebaut werden. Schon drei Jahre später waren große Teile des Stadtkerns neu entstanden. Die am Wiederaufbau beteiligten jungen norwegischen Architekten ließen sich von nationalromantischen Strömungen, aber auch von dem damals in Europa modernen Jugendstil beeinflussen. So entstand eine beispielhafte Jugendstilstadt, deren Häuser Türmchen, Spitzen und phantasievolle Ornamente tragen und Ålesund zu einer der schönsten Städte Norwegens machen.

Ålesunds Jugendstilzentrum in einer alten Apotheke

beständig zu Tal. Faszinierend ist das Gletschertor am Ende. Trübes Schmelzwasser schießt unter dem Eis hervor, bildet einen schäumenden Fluss. Die Öffnung rahmen leuchtend blaue Eisblöcke, die hin und wieder krachend in den Fluss stürzen.

Ohrenbetäubendes Spektakel

Was wäre die kleine Insel Runde, gäbe es dort nicht die Vogelfelsen, auf denen jeden Sommer hunderttausende Seevögel brüten. Und so sind viele der Ornithologen, die sich Jahr für Jahr mit Ferngläsern und Teleobjektiven bewaffnet in Goksøyr einfinden, um nach Papageitauchern, Basstölpeln, Dreizehenmöwen, Trottellummen, Tordalken, Krähenscharben oder Raubmöwen Ausschau zu halten, Stammgäste. Von Bord eines kleinen Kutters bietet sich ein guter Blick auf die unteren Etagen der von Kot weiß gefärbten Steilküste. Für einen Blick in die oberen Stockwerke muss man auf steilen Trampelpfaden das 300 Meter hohe Plateau erklimmen. Ganz oben in der Steilwand brüten die Papageitaucher, die sich mit schnellen Schlägen ihrer kurzen Flügel in die Tiefe stürzen. Zurück und den Schnabel voll kleiner Fische liefern sie, die Schwimmfüße weit vorgestreckt, eine lausige Landung ab, um sofort in ihrer Bruthöhle zu verschwinden.

01 *Ålesund breitet sich über mehrere Inseln aus*
02 *Auch Ålesunds Kirche zeigt sich im Jugendstil*
03 *Aquarium: Blick in die Unterwasserwelt*

01
02
03
04
05
Ålesund
Godøy
Molde
Moldefjorden
Harøya
Fjørtoft
Haramsøya
Løvsøya
Vigra
Giske
Valderøy
Ellingsøya
Oksenøya
Sula
Hareidlandet
Runde
Sorøyane
Mulenes
Nerlandsøy
Gurskøy
Sandsøy
Kvamsøy
Stadlandet
Stadhavet
Sildegapet
Barmen
Vågsøy
Bremangerlandet
Rugsundsøy
Frøya
Botnane
Hovden
Skorpa
Reksta
Brandsøy
Stavøy
Askrova
Svanøy
Atløy
Sula
Losna
Sandøy
Halvøya
Nordfjorden
Nordfjordeid
Hornindalsvatnet
Stryn
Olden
Loen
Innvik
Geirangerfjorden
Geiranger
Hellesylt
Sunnylvsfjorden
Stranda
Sykkylven
Ørsta
Volda
Storfjorden
Dalsnibba
Sommer Skisenter
Jostedalsbreen nasjonalpark
Jostedal
Gaupne
Sogndalsfjøra
Sogn folkemuseum
Kaupanger
Lærdalsøyri
Lærdals-tunnelen
Aurland
Flåm
Gudvangen
Stalheimskleiva Museum
Vangsnes
Dragsvik
Balestrand
Kvamsøy Kirke
Førde
Florø
Flora
Sande
Dale
Vadheim
Høyanger
Lavik
Instefjord
Modalen
Stølsheimen
Sunnfjord
Vallestadfossen
Huldrefossen
Nonsfossen
Feigumfoss
Stigfossen
Tvinnefossen
Kjelfossen
Ørneveien
Trollstigveien
Innfjorden
Veøy
Sportskapell
Stavkirke
Klosterruiner
Hellerististninger
Båtmuseum
Svormuseet
E39
E136
E16

Landschaft voller Kontraste

Das nördliche Fjordland ist voller Kontraste. Fjorde wie aus dem Bilderbuch durchziehen diese Landschaft, vom breit und weit ins Land reichenden Sognefjord bis zum engen Fjærlandsfjord. Die Küste ist stark gegliedert, sonnig sind die Fjordufer und steil ragen die Berge auf, wohin man auch schaut. Und dazu kommt als Höhepunkt der Jostedalsbre, ein gewaltiger Eispanzer, der seine Gletscherzungen in alle Richtungen schickt.

01 ÅLESUND

Ålesund ist das Zentrum der Region Sunnmøre, einer der wichtigsten norwegischen Fischereistandorte und ein architektonisches Kleinod in Jugendstil. Außerdem bietet es Besuchern ein reichhaltiges kulturelles Angebot. Der Stadtkern, nach 1904 weit gehend neu errichtet, wurde auf mehreren Inseln erbaut, und auch in der Umgebung bilden das verzweigte Fjordsystem und die zahlreichen Inseln ein Labyrinth aus Wasser und Land.

SEHENSWERT Das **Jugendstilzentrum** befindet sich in einem der schönsten Jugendstilbauten der Stadt, der ehem. Svane-Apotheke; moderne Multimediaprogramme, eine Zeitmaschine und verschiedene Ausstellungen erzählen von dem großen Brand und der Geschichte des Jugendstils (Apotekergata 16; www.jugendstil senteret.no; Juni–Aug. tgl. 10.00–17.00, sonst Di.–Sa. 11.00.–16.00 und So., Mo. 12.00–16.00 Uhr). Der Hausberg **Aksla** ermöglicht von 189 m Höhe einen weiten Blick über die Stadt, die vorgelagerten Inseln und die Sunnmøre-Alpen; 418 Stufen führen vom Stadtpark hinauf, bequemer ist er mit dem Auto oder dem Bus zu erreichen. Der **Atlantikpark** ist eines der größten Aquarien Norwegens mit neuer Tiefseeausstellung; für Kinder werden auch Aktivitäten im Freien angeboten (Atlantahavsparken, Tueneset, www.atlantahavsparken.no; Juni–Aug. tgl. 10.00–19.00, Sa. bis 16.00, sonst tgl. 11.00–16.00 Uhr).

MUSEEN Das **Aalesund Museum** widmet sich mit Exponaten, Modellen, Fotografien und Gemälden der Geschichte der Stadt (Rasmus Rønnebergsgata 16; tgl. 9.00–15.00, April bis Okt. Sa. 11.00–15.00, So. 12.00–16.00 Uhr). Das **Sunnmøre-Museum** liegt in der Borgundkaupangen-Bucht und ist der Küstenkultur gewidmet; in dem Freilichtmuseum sind zahlreiche alte Häuser, eine Bootssammlung und darüber hinaus ein Mittelaltermuseum zu sehen (Borgundgavlen, www.sunnmore.museum.no). Das **Fischereimuseum** in einem Speicher von 1861 erzählt die Geschichte der Fischerstadt Ålesund, die lange vom Export von Klippfisch und Tran lebte (Molovegen 10; Mitte Juni–Mitte Aug. Mo.–Sa. 11.00–16.00, Mi.–Fr. 18.00–20.00 Uhr).

VERANSTALTUNGEN Aug. gibt es das norwegische **Gourmetfestival** und die Meisterschaft der Spitzenköche (www.matfestivalen.no).

RESTAURANTS **Sjøbua Fiskerestaurant,** Bruholmgata 1, Tel. 70 12 71 00. Eines der bekanntesten Fischrestaurants Norwegens, schönes Ambiente in einem alten Speicher am Hafen. **Fjellstua,** Aksla, Tel. 70 10 74 00. Vom Restaurant genießt man die schönste Aussicht auf Ålesund; im Sommer wird auch auf der Terrasse serviert.

INFORMATION
Ålesund Turistkontor, Rådhuset, N-6025 Ålesund, Tel. 70 15 76 00, Fax 70 15 76 01, www.visitalesund.com

02 ÅNDALSNES

Åndalsnes wurde im Zweiten Weltkrieg stark zerstört, deshalb besteht der Ort aus nüchterner Nachkriegsarchitektur. Attraktiv macht die Stadt die Lage am Isfjord und seine Nähe zum wilden Romsdal und dem Trollstig.

UMGEBUNG Der südöstl. gelegene **Mardalsfoss** (außerhalb der Detailkarte, s. Karte S. 80) ist mit einer Fallhöhe von 297 m der höchste Wasserfall Norwegens. Allerdings wird sein Wasser für die Stromerzeugung genutzt, nur während des Sommers wird er für Touristen mit ein wenig Wasser in Betrieb gehalten. Die Wanderung von Eikesdalsvatnet hinauf zum Wasserfall dauert rund 45 Min. Die **Raumabahn** verbindet die Stadt Åndalsnes mit Dombås, wobei der imposanteste Abschnitt durch das Romsdal, vorbei an Romsdalshorn und Trollwand, verläuft. Beim Bau der 114 km langen Bahnstrecke vor 80 Jahren gab es erhebliche Schwierigkeiten mit der Trassenführung, die nur durch Wendetunnel und aufwändige Brücken wie die „Kylling Bru" zu meistern waren. Im Sommer fährt ein Touristenzug die Strecke Åndalsnes–Bjorli und zurück, an einigen Tagen wird eine Dampflokomotive eingesetzt (Info: www.raumabanen.com). In **Stordal** (südw. am Storfjorden) ist die barocke Rosenkirche von 1789 wegen ihrer schönen Dekorationen an Decke, Wänden und Säulen besuchenswert; große Teile der Einrichtung stammen noch aus dem bereits im Mittelalter errichteten Vorgängerbau (Ende Juni–Mitte Aug. tgl. 11.00–16.00 Uhr).

AKTIVITÄTEN Von Åndalsnes kommend, bietet das enge **Romsdal** gleich mehrere Höhepunkte: Auf der linken Seite ist das mächtige

Tipp

Jazz around the clock

Das Molde Jazzfestival ist seit 1961 eine Traditionsveranstaltung. Mittlerweile hat sich das Festival europaweit einen Namen gemacht, und die meisten bekannten Jazzmusiker waren bereits in Molde zu Gast. Und so platzt die nordw. Åndalsnes gelegene Stadt jedes Jahr Mitte Juli einige Tage lang aus allen Nähten – kein Wunder bei 100 000 Zuschauern und 120 Konzerten, von denen immerhin rund 40 freien Eintritt gewähren (Infos: Tel. 71 20 31 50 oder www.moldejazz.no).

Die alte Jugendstilapotheke von Ålesund beherbergt heute das Jugendstilzentrum der Stadt

Romsdalshorn nicht zu übersehen, das auf einer relativ leichten Kletterroute bestiegen werden kann. Auf der rechten Seite fällt die Trollwand (Trollveggen), die höchste Felswand Europas, ins Auge. Vom Wandfuß bis zum Gipfel beträgt der Höhenunterschied 1800 m, wovon der senkrechte Teil immerhin noch 1000 m misst und 50 m überhängt. Durch die Wand führen einige sehr schwierige Kletterrouten. 1965 wurde sie erstmals durchstiegen, wobei die Erstbegeher zwei Wochen in der Wand verbrachten; gekrönt wird sie von den Trolltindane (Trollzinnen).

INFORMATION
Åndalsnes Turistkontor, Jernbanestasjonen, N-6301 Åndalsnes, Tel. 71 22 16 22, Fax 71 22 16 82, www.andalsnes.net

03 GEIRANGER

Seit Mitte des 19. Jh. lebt der kleine Ort im Sommer mit und von den Touristen.

SEHENSWERT Im **Norwegischen Fjordzentrum** erfahren Besucher viel über die Geschichte der Bewohner des Fjordlandes, bekommen einen Naturfilm gezeigt, können das Kunstcafé besuchen und im Souvenirshop stöbern (Norsk Fjordsenter, www.fjordsenter.info).

UMGEBUNG Das Turistkontor organisiert im Sommer **Fjordrundfahrten** **TOPZIEL** (mehrmals tgl. ab 8.00 Uhr, Dauer ca. 1,5 Std.), die auch zu den berühmten Wasserfällen führen. Eine preisgünstige Möglichkeit zum Fjord-Sightseeing bieten die Autofähren von Geiranger nach Hellesylt (erste Abfahrt von Geiranger 8.00 Uhr, danach alle 90 Min. bis 18.30 Uhr). Eine der besten Möglichkeiten einen Blick von oben in den Geirangerfjord zu werfen, ist der Gipfel des 1476 m hohen **Aussichtsberges Dalsnibba,** auf den eine mautpflichtige Straße führt. Weitere Aussichtspunkte sind der Flydalsjuvet, auf dem Weg vom Dalsnibba nach Geiranger, und der Adlerblick, den man bei der Auffahrt über die Serpentinen des „Adlerweges" von Geiranger in Richtung Eidsdal genießen kann. Die Peer-Gynt-Galerie in **Hellesylt** zeigt die Kunstwerke Oddvin Parrs und verkauft traditionelle Strickwaren (www.hellesylt.no). Das Elektrizitätswerk in **Tafjord**, nordöstl. am gleichnamigen Fjord, wurde 1923 in Betrieb genommen und lieferte bis 1989 Strom; jetzt ist es industriegeschichtliches Museum (Mitte Juni–Mitte Aug. tgl. 12.00–17.00 Uhr).

INFORMATION
Geiranger Turistkontor, Gamle Fergekai, N-6216 Geiranger, Tel. 70 26 30 99, Fax 70 26 31 41, www.visitgeirangerfjorden.com

Tipp

Serpentinen zu den Trollen

Der Trollstig zählt zu den beeindruckendsten Straßen Norwegens. Über elf kunstvoll gelegte Serpentinen erreicht die Straße von Geiranger kommend nach 12 km die Passhöhe auf 850 m. Unterwegs stürzt direkt neben der Straße der 180 m hohe Stigfoss ins Tal. Imposant ist auch der Blick nach oben auf die wild gezackten Berge Dronningen (Königin), Kongen (König), Bispen (Bischof) und Trolltindane (Trollzinnen). Nach einer Sage sollen Letztere eine Gruppe Trolle auf dem Weg zu einer Hochzeit gewesen sein; als sie sich verspäteten, verwandelte sie die aufgehende Sonne des nächsten Morgens zu Stein – ein Schicksal, das übrigens jedem Troll droht. Auf der Passhöhe gibt es neben zahlreichen Souvenirläden noch eine Aussichtsplattform, von der das Bergpanorama und die Serpentinen am Hang gut zu überblicken sind.

04 JOSTEDAL

Der Jostedalsbre ist mit fast 500 km² Fläche der größte Gletscher des europäischen Festlandes. Die Eisschicht ist zwischen 100 und 500 m dick, wobei nur wenige Felszacken das Eis durchstoßen. Von den Rändern des relativ ebenen Hochplateaus fließen 25 Gletscherzungen zu Tal. Um den Jostedalsbre liegen noch viele weitere kleinere Gletscher, weshalb die Norweger das Gebiet Heimat der Gletscher, „Breheimen", nennen. 1991 wurde der Jostedalsbre als Nationalpark unter Schutz gestellt.

SEHENSWERT Das **Breheimzentrum** im Jostedal erinnert an ein umgestülptes Wikingerschiff und ist schon architektonisch interessant. Das Zentrum bietet alles Wissenswerte über den Gletscher **Jostedalsbre** **TOPZIEL**; es können auch Ausflüge auf das Eis mit Seil und Steigeisen in Begleitung eines kundigen Führers gebucht werden (Tel. 57 68 32 50, www.jostedal.com; Mitte Juni–Mitte Aug. tgl. 9.00–19.00, sonst 10.00 bis 17.00 Uhr). Vom Zentrum hat man einen grandiosen Blick in das Nigardtal und auf die Gletscherzunge. Das **Jostedalsbre Nasjonalparksenter** liegt am Strynsvatn bei dem kleinen Ort Oppstryn bei Fosnes auf der Nordseite des Gletschers. Es zeigt Ausstellungen und Filme zu Natur- und Gletscherthemen, angegliedert sind ein Aquarium und ein Botanischer Garten mit mehr als 300 Pflanzenarten. Das Zentrum organisiert außerdem Berg- und Gletschertouren sowie Besuche auf traditionellen Höfen (Tel. 57 87 72 00; Mitte Mai bis Mitte Sept. tgl. 10.00–16.00, Juli 10.00–16.00 Uhr). Das **Norwegische Gletschermuseum** befindet sich in Fjærland, das am Ende des gleichnamigen Seitenarms des Sognefjordes liegt. Die gut gemachten Stationen mit Experimenten und die Ausstellungen informieren Besucher über Gletscher im Allgemeinen und den Jostedalsbre im Besonderen. Schon wegen des Films von Ivo Caprino im Panoramaformat lohnt ein Besuch des

Tipp

Die älteste Stabkirche

Einen schöneren Platz als auf einer Landzunge über dem Lustrafjord hätten sich die Erbauer der Stabkirche von Urnes kaum aussuchen können. Die von außen eher schlichte Kirche wurde vermutlich Mitte des 12. Jh. errichtet. Damit gilt das von der UNESCO zur Welterbestätte erklärte Gotteshaus als älteste Stabkirche Norwegens. Die mit vielen Schnitzereien im so genannten Urnesstil verzierte Nordwand stammt wohl noch von dem rund 100 Jahre älteren Vorgängerbau (Juni–Aug. tgl. 10.30–17.30). Den Weg von der Fähre zur Kirche säumen Himbeerplantagen; die Früchte werden an Ständen am Straßenrand zum Kauf angeboten.

„Kvikne's Hotel" wurde 1877 als Gasthaus in Balestrand eröffnet

Tipp

Fernes Rauschen

Wer auf der Südseite des Jostedalsbre auf der Straße 55 von Gaupne nach Skjolden unterwegs ist, sieht am gegenüberliegenden Fjordufer am Berghang den Feigumfoss – oft ist sein Rauschen sogar über den Fjord hinweg zu hören. Nach der Umrundung des Lustrafjordes sind es dann von dem Gehöft Feigum noch nur 20 Min. über einen ansteigenden Pfad bis zum Fuß des 218 m hohen Wasserfalls.

Museums. Vom Museum ist es nicht weit zu zwei Gletscherzungen des Jostedalsbre, dem Bøyabre und dem Suphellebre (Tel. 57 69 32 88, www.bre.museum.no; Juni–Aug. tgl. 9.00–19.00, sonst 10.00–16.00 Uhr).

AKTIVITÄTEN Der **Nigardsbre** auf der Südseite des Gletschers ist die am häufigsten besuchte Gletscherzunge. Eine mautpflichtige Straße führt von Gaupne am Lustrafjord bis zum Gletschersee. Vom Parkplatz verläuft dann ein Wanderweg am Ufer entlang bis zum Gletscher, mehrmals tgl. fährt auch ein kleines Boot über den See. Ausflüge auf das Eis können im Breheimzentrum gebucht werden, die Ausrüstung wird gestellt. Das Angebot reicht von kurzen Exkursionen bis zu anspruchsvollen Touren, die bis auf das Hochplateau führen. Ausgangspunkt zum Besuch des **Austerdalsbre** ist der kleine Ort Hafslo in der Nähe des Lustrafjordes. Von dort führt eine kleine Straße bis zur Tungastølen-Alm. Die Wanderung bis zum Beginn der Gletscherzunge dauert rund 1,5 Std., bis zur Abbruchkante sind es weitere 30 Min. Auf der Westseite des Gletschers ist der **Briksdalsbre** eine häufig besuchte Gletscherzunge. Schon die Anfahrt durch das Oldedal entlang dem grün schimmernden See ist sehenswert. Vom Ende der Straße sind es noch rund 45 Min. zu Fuß bis zum Briksdalsbre. Der Weg verläuft entlang dem Gletscherfluss, der einen schäumenden Wasserfall bildet. Wer es bequemer haben möchte, kann sich mit einer Kutsche, von kleinen, stämmigen Fjordpferden gezogen, fast bis zum Gletscher bringen lassen.

05 BALESTRAND

Der Ort liegt idyllisch am Sognefjord und ist von hohen Bergen umgeben. Balestrand gilt in der Region als Künstlerdorf, das im Sommer regelmäßig mehrere Ausstellungen organisiert.

SEHENSWERT Das **Sognefjord Aquarium** liegt am Kai und zeigt die gesamte Lebensvielfalt des Fjordes unter Wasser; außerdem ein Café und ein Ruderbootverleih (Tel. 57 69 13 03; im Sommer tgl. 10.00–18.00 Uhr). Vorbild für die 1897 fertig gestellte **St.-Olaf-Kirche** waren alte norwegische Stabkirchen; der Nachbau, in erster Linie für Besucher aus England gedacht, kann es mit der Schönheit der Originale allerdings nicht aufnehmen (anglikanische Gottesdienste So. Juni–Aug.).

VERANSTALTUNG Das Jazz-Festival **Balejazz,** bei dem viele bekannte Künstler auftreten, findet im Mai statt (www.balejazz.no).

UNTERKUNFT **Kvikne's Hotel,** N-6899 Balestrand, Tel. 57 69 42 00, Fax 57 69 42 01, www.kviknes.no. Das historische Hotel mit 200 Z. und modernem Erweiterungsbau bietet unverändert exklusiven Service und viel Atmosphäre.

INFORMATION
Balestrand Turistkontor, N-6899 Balestrand, Tel. 57 69 12 55, Fax 57 69 14 31, www.sognefjord.no

Nicht versäumen!

ERLEBEN

Erlebnis Jugendstil
Ålesund ist einmalig – zumindest in Norwegen. Denn in keiner anderen Stadt gibt es so viele Jugendstilbauten. Dieses architektonische Kleinod entstand nach dem großen Stadtbrand von 1904 auf mehreren Inseln im verzweigten Fjord.

Siehe Nr. 01

NATUR

Paradefjord Geiranger
Eine Rundfahrt auf dem Geirangerfjord gehört einfach ins Reiseprogramm. Die senkrechten Felswände sind zum Greifen nah, Wasserfälle stürzen von ihnen herunter, zum Grün der Bäume wirkt das Blau des Wasser noch intensiver.

TOPZIEL Siehe Nr. 03

AKTIV

Die Eisströme des Jostedalsbre
Der Jostedalsbre, größter Gletscher auf dem europäischen Festland, schickt an seinen Rändern 25 eisige Zungen zu Tal. Zwei der schönsten Nigardsbre und Briksdalsbre sind nach relativ kurzen Spaziergängen zu erreichen.

TOPZIEL Siehe Nr. 04

KULTUR

Eiszeit zum Anfassen
Das Norwegische Gletschermuseum hat sich als interaktives Erlebnismuseum für die ganze Familie etabliert. Mit der Eröffnung des Neubaus 2007 können Besucher nun auf eine mehrere Millionen Jahre lange Zeitreise gehen.

Siehe Nr. 04

KULTUR

Nostalgisches Flair
Inmitten hoher Berge liegt Balestrand am Sognefjord. In dem kleinen Ort erinnert noch viel an die mittlerweile weit zurückliegende "Kaiserzeit". Vor allem die reich verzierten Holzhäuser und das herrschaftliche Kvikne Hotel.

Siehe Nr. 05

Die alte Heimat der Riesen

Die Fjells der Nationalparks Jotunheimen, Rondane und Dovrefjell bilden das gebirgige Herz Norwegens. Vom Eis modelliert und von Menschen kaum verändert, zählen sie zu den herausragenden Naturlandschaften Europas. Hier sind die höchsten Berge des Landes zu finden, Paradiese für Wanderer und Wintersportler. Die Fjells sind majestätisch, einsam, wild, grandios – aber auch nicht ganz geheuer. Sind sie doch Heimat der Wesen anderer Welten, gegen die auch in christlichen Zeiten nur manch alter, ins Holz der Kirchen geschnitzter Zauber half.

Zu den bemerkenswerten Bauten des norwegischen Mittelalters zählt die Stabkirche von Lom.

01

02

„Hast Du den Gendingrat einmal gesehn? Wohl 'ne Meile läuft er drang hin, in Sensenrückenbreite.“

Henrik Ibsen (Peer Gynt)

Wandern zählt nicht nur bei den Norwegern zu den liebsten Freizeitaktivitäten, auch die meisten Touristen schnüren früher oder später die Wanderschuhe. Die Bedingungen könnten kaum besser sein, denn das Land ist riesig, über weite Strecken nur äußerst dünn besiedelt und die Natur ebenso intakt wie unberührt. Auf einigen wenigen Modetouren mag es zwar fast wie in den Alpen zugehen, aber der Gänsemarsch ist die Ausnahme. Dennoch gibt es unterwegs einige Annehmlichkeiten, denn seit über 130 Jahren kümmert sich der Norwegische Bergwanderverein DNT um die Wanderer. Rund 18000 Kilometer markierte Wanderwege unterhält er, an Wegkreuzungen weisen Schilder den richtigen Weg, ansonsten sind es Steinmännchen, Bäume oder Felsen mit einem roten Punkt oder dem Markenzeichen des Wandervereins, dem roten „T“. Und am Ende einer jeden Tagesetappe wartet eine der etwa 300 Hütten auf müde Wanderer. Bei seinen Aktivitäten beweist der DNT seit jeher viel Fingerspitzengefühl und liefert gerade so viel Infrastruktur wie nötig, denn die meisten Norweger wollen beim Wandern nicht alle naselang von einer Straße, von Ausflugslokalen oder einer Seilbahn gestört werden.

Auf Peer Gynts Spuren

An diesem Tag wird die „Gjende“ wohl wieder öfter fahren müssen, denn am Steg warten viel mehr Menschen, als das kleine Boot aufnehmen kann. Mit ihren Stiefeln, Stöcken und Tagesrucksäcken sind die Frühaufsteher unschwer als Wanderer auszumachen. Einige haben aber anscheinend mehr vor, schleppen riesige Rucksäcke mit Proviant, Zelt und Schlafsack. Die Fahrt mit dem Boot von Gjendesheim nach Memurubu über den grün schimmernden, zwischen mächtigen Felswänden eingekeilten Gjendesee bietet den besten Einstieg zum Beseggengrat – eine der schönsten, wenn nicht gar die schönste Tagestour im norwegischen Gebirge, die schon der sagenhafte Peer Gynt gemacht haben soll. Bis in die Nähe des Bessvatn geht es steil und stetig bergauf, dort beginnt dann der eigentliche Beseggengrat und ein Panorama ohnegleichen. Mit ein wenig Kletterei ist der Grat zu meistern, und dann liegt auf der einen Seite der grüne Gjendesee, auf der anderen der schwarze Bessvatn und ringsum Jotunheimen mit gezackten Gipfeln und Gletschern. Glaubt man Henrik Ibsen, ist der Grat scharf wie eine Sense, sein Held bezwang ihn auf einem Rentierbock. Dieser sagenhafte Peer Gynt hat im 17. oder 18. Jahrhundert wohl wirklich im Gudbrandsdal gelebt, viel konnte Ibsen nicht über ihn in Erfahrung bringen – was ihn aber wenig störte, konnte er die Geschichte vom liebenswerten Lügner, Träumer und Phantasten so viel freier erzählen.

Leben heißt – dunkler Gewalten
Spuk bekämpfen in sich.
Dichten – Gerichtstag halten.

Nach dem Grat erreicht man schließlich das lange Gipfelplateau mit dem riesigen Steinmännchen am höchsten Punkt. Mit jedem Wanderer wird es größer, da alle ihren Beitrag dazu leisten. Nach rund sechs Stunden und einem relativ unspektakulären Abstieg endet die Wanderung auf den Spuren Peer Gynts dort, wo sie begonnen hat – in Gjendesheim.

Panoramastraße durchs Gebirge

Die Straße 51 quert das gesamte Jotunheim. So kommen auch Autofahrer in den Genuss von Ausblicken, die sonst nur Wanderer genießen können. Von Fagernes steigt die Straße leicht, aber stetig an, zu beiden Seiten des Tales Bauernhöfe und grüne Wiesen. Bei Beitostølen, im Winter ein beliebtes Skigebiet, erfolgt dann unmerklich der Übergang ins Hochgebirge. Hinter dem Ort ist bald die Baumgrenze

01 *Die kleine Fähre auf dem Gjendesee – hier in Memurubu*
02 *Vågåmo: nicht das einzige gemütliche Café in der Stadt*

03 *Wildes Zelten, auf dem Sognefjell kein Problem*
04 *Auf dem Weg zum Beseggengrat*

01

02

SPECIAL Wesen der Nacht

Die Welt der Trolle

Trolle in allen Größen gehören zu den beliebtesten Souvenirs, ob bucklig, dickbäuchig oder mit Knollennase.

Die Sonne ist ihr Feind

Trollen begegnet man in Norwegen auf Schritt und Tritt – auch wenn man sie nie zu sehen bekommt. Dieser Widerspruch erklärt sich aus der nächtlichen Lebensweise der Trolle, die das Sonnenlicht meiden müssen, ansonsten erstarren sie zu Stein oder zerplatzen. So fühlen sie sich während der dunklen Wintermonate besonders wohl. Wer zu dieser Zeit durch einen unheimlichen Wald streift oder sich im fahlen Mondlicht einige Felsen genauer anschaut, muss schon recht unsensibel sein, um nicht an Trolle zu glauben. Die Landkarte ist übersät mit Orten wie Trollheimen, Trolldalen, Trollveggen oder Trollfjord – anscheinend treiben sie überall ihr Unwesen. Sie werden steinalt, manche wissen gar nicht mehr, wie viele Jahre sie schon auf dem Buckel haben. Touristen haben es jedoch leicht, sie zu finden. Sie brauchen nämlich nicht in dunklen Wäldern herumzustöbern. Denn egal, ob Waldtroll, Seetroll, Nökk oder Nisse, die meisten trifft man tagsüber in halbwegs gut sortierten Souvenirläden an. Dort tun sie unschuldig, so als ob sie nie jemanden erschrecken würden, und warten darauf, dass man sie mit nach Hause nimmt. Aber Trolle haben ja unendlich viel Zeit …

Trolle auch im Familienpark Hunderfossen, allerdings hier mit lustigem Augenzwinkern

erreicht, und auf der linken Seite taucht das markante Bitihorn auf, dessen Gipfel eine grandiose Fernsicht bietet. Danach führt die Straße zwischen den schmalen, lang gestreckten Seen Bygdin und Vinstri hindurch und erreicht auf der Valdresflya den höchsten Punkt – so weit das Auge reicht hochalpine Landschaft, in der nur noch Flechten, Moose und ein wenig Heidekraut zwischen den Steinen wachsen. Westlich der Straße liegt der Nationalpark Jotunheimen. Eine kurze Stichstraße führt mitten hinein in diese eindrucksvolle Bergwelt nach Gjendesheim am schmalen Gjendesee. Zurück auf der Hauptstraße, bieten sich noch einige Kilometer oberhalb der Baumgrenze schöne Blicke auf die Berge, bis man wieder in die Vegetation eintaucht und durch das Sjodal Vågåmo erreicht.

Wintersport in Norwegen

Nur Deutschland und Russland liegen beim ewigen Medaillenspiegel der Olympischen Winterspiele vor Norwegen. Diese erstaunliche Bilanz der nur rund vier Millionen Norweger zeigt, wie wintersportverrückt sie sind. Ganz besonders eindrucksvoll haben sie dies der ganzen Welt während der Spiele 1994 in Lillehammer gezeigt. Mögen die Norweger mittlerweile auch gute Abfahrtsläufer oder Eisschnellläufer haben, ist doch der Skilanglauf im-

01 *Knut Hamsuns Geburtshaus: Garmo*
02 *Studienobjekt: Borgunds Stabkirche*
03 *Kapelle des Mittelalterhofs von Jørundgård*
04 *Die Sagasäule von Elvesete*

01

02

03

04

„Es gehört auch zur Lebensklugheit, dass wir uns nicht dauernd mit Menschen vergleichen, die glücklicher sind als wir.“ Sigrid Undset

01 *Herbst im „Reich der Riesen“*
02 *Auch Wildpferde bevölkern das Dovrefjell – hier bei Reinheim*
03 *Die Moschusochsen vom Dovrefjell*
04 *Seit Jahrhunderten unveränderte Bauweise*
05 *Herbstliche Moorlandschaft im Rondane*

01

02

mer noch ihre Lieblingssportart. Manche behaupten sogar, Norweger kämen schon mit Skiern zur Welt. Zumindest laufen sie schon seit Ewigkeiten Ski, denn bereits in der Bronzezeit haben sie sich Bretter unter die Füße geschnallt, wie es das Olympiasymbol von 1994, eine uralte Felsritzung, nahe legt. Auch wenn die Norweger schneller als alle anderen durch die Loipe fegen und der Weltelite davonskaten, ihre Liebe gehört dem Tourenskilauf. In den

Fegte eisiger Sturm im Herbst und Winter über die Wege und kahlen Felder – dann war er als Nordwind am schlimmsten.

Osterferien herrscht in den Skigebieten Hochbetrieb, denn es ist die schönste Zeit des Winters. Oft lässt sich die Sonne blicken, die Tage sind schon wieder länger, und der Schnee liegt noch reichlich und ist immer noch feinkörnig – die richtige Zeit, um mit den breiten Skiern gemütlich von Hütte zu Hütte zu wandern. In Scharen brechen sie auf, holen den roten Anorak, die Isomatte und den Rucksack aus dem Schrank, um für einige Tage Kraft zu tanken. Und auch die Kleinen kommen mit, entweder auf eigenen Skiern oder warm eingepackt in der Pulka, dem badewannenartigen Schlitten.

01 *Die Sonne schafft es kaum über den Horizont*
02 *Im Winter „erfrieren“ die Wasserfälle*
03 *Ein Hauch von Arktis: Skitour in Jotunheimen*
04 *Schlittenhunde bei Beitostølen*

01
02
03
04
05
06
Rauma
Åndalsnes
Romsdalen
Trollstigen
Sunndalsøra
Sunndalen
Oppdal
Dovrefjell
Dombås
Lesja
Lesjaskog
Tverrfjellet
Kjølen
Dovre
Otta
Rondane nasjonalpark
Sel
Vågå
Lom
Bøverdalen
Jotunheimen
Fossheim Fjellmuseum
Gjendebu
Bygdin
Beitostølen
Fagernes
Nord-Aurdal
Vang
Filefjell
Borlaug
Borgund
Stavkirke
Hemsedal
Heidal
Sjoa
Kvam
Vinstra
Gudbrandsdalen
Ringebu
Fåvang
Tretten
Helvette
Fatkvelbu
Etnedal
Nordre Land
Dokka
Gol
Midtlisetra
Falningsjølia
Skjåk
Otta dalen
Gammelstulen
Høydalsseter
Bøvertun
Skogadalsbøen
Hurrungane
Rondvassbu
Høgrondbu
Grimsdalen
Leirdalen
Valdresflya
Tyin
Vettisfossen
Sjurhaugsfossen
Øvre Årdal

Grenzenloses Wandervergnügen

Karge Fjells ohne Baum und Strauch, schroffe Gipfel, von denen sich einige bis über die 2000-Meter-Marke erheben und einige kleine Gletscher zählen zu den schönsten Landschaften des Landes und bilden das Herz Norwegens. Kein Wunder, dass hier mit den Nationalparks Jotunheimen, Rondane und Dovrefjell die beliebtesten Wanderreviere liegen.

Im Winter verlassen: Sennhütte in Jotunheimen

01 OPPDAL

Der kleine Ort im Drivatal versucht mit seinen vielfältigen Angeboten (Reitausflüge, Kletterkurse, Raftingtouren) auch mehr Sommertouristen anzulocken. So richtig zum Leben erwacht der Ort aber erst im Winter, wenn die 16 Skilifte in Betrieb sind und Oppdal zu einem der besten Alpingebiete Norwegens wird.

UMGEBUNG Lohnend ist die Fahrt mit der Gondelbahn auf 1125 m zum Panoramalokal „Toppen". Wer möchte, kann sich im Turistkontor ein Mountainbike ausleihen, es mit zum Gipfel nehmen und dann bis ins Tal abfahren.

INFORMATION
Oppdal Turistkontor, im Zentrum, N-7341 Oppdal, Tel. 72 40 04 70, Fax 72 40 04 80, www.oppdal.com

02 DOMBÅS

Dombås ist Dienstleistungszentrum und Verkehrsknotenpunkt zwischen Rondane, Westnorwegen und dem Dovrefjell.

SEHENSWERT Im **Trollpark** ist alles über Trolle zu erfahren, die angeblich in ganz Norwegen ihr Unwesen treiben; auch über den „Dovregubben", den Troll des nahen Dovrefjell, wird berichtet (im Sommer Mo.–Fr. 10.00–19.45, Sa. 10.00–18.45, So. 11.00–18.45, sonst Mo.–Fr. 10.00–16.00, Sa. 10.00–14.00 Uhr).

UNTERKUNFT **Trolltun Gjestgard,** N-2660 Dombås, Tel. 61 24 09 60, Fax 62 24 13 30, www.trolltun.no. Das gemütliche Familienhotel mit 26 Z., außerdem 26 komfortablen Ferienhäusern, eigener Alpinanlage und Pisten zeichnet sich durch eine schöne Lage mit Talblick aus.

UMGEBUNG Die **Fokstumyra** ist ein Moor, das südl. zwischen Dovre und Hjerkinn direkt an der E 6 liegt. Schon vor 200 Jahren schwärmten Ornithologen von der Artenvielfalt; als dann aber die Dovrebahn mitten durch das Brutgebiet gelegt wurde, nahm der Bestand rapide ab. Nunmehr unter Naturschutz gestellt, hat sich der Vogelbestand wieder erhöht. Vom Fokstua Gård gibt es einen markierten Rundwanderweg. Das **Dovrefjell** bildet den nördlichsten Gebirgszug Fjellnorwegens. Schon vor rund 1000 Jahren zogen die Wikingerkönige und deren Nachfolger auf dem Weg von Oslo nach Trondheim durch das Tal der Driva; der Weg übers Gebirge hieß deshalb auch lange „Kongevegen". Der Königsweg war besonders bei Hochwasser nicht ungefährlich und wurde erst durch den Bau der E 6 problemlos. Die gekrönten Häupter haben unterwegs in einfachen Herbergen, „Fjellstuen", übernachtet, auch heute noch gibt es an diesen Stellen einfache, aber gemütliche Unterkünfte wie die „Kongsvold Fjellstue" oder die „Hjerkinn Fjellstue". Der **Dovrefjell-Nationalpark** und vor allem der Rest des Dovrefjell sind längst nicht so gut erschlossen und besucht wie Jotunheimen und Rondane. Es gibt zwar genügend markierte Wanderwege, aber der Abstand zwischen den Berghütten erfordert doch schon etwas Kondition. Das Dovrefjell ist stark von der letzten Eiszeit geprägt, denn überall gehören Moränenhügel, Sanderflächen und nur von spärlicher Vegetation bedeckte Schutthalden zum Landschaftsbild. Der höchste Berg des Dovrefjell ist die weithin sichtbare **Snøhetta** (2286 m) **TOPZIEL**, deren Besteigung mindestens zwei Tage dauert; bester Ausgangspunkt ist Kongsvoll an der E 6. Von hier folgt man dem ständig ansteigenden Weg bis über die Baumgrenze und zur Hütte bei Reinheim; der Aufstieg bis zum Beginn des beeindruckenden Gipfelgrates dauert von der Hütte ca. 3 Std. Die Moschusochsen auf dem Fjell sind oft nicht leicht aufzuspüren; die besten Chancen hat man bei einer organisierten Tour, die vom Turistkontor angeboten wird.

Tipp

Rondanes „Priester"

Bei Selsverket zweigt eine kleine Nebenstraße von der E 6 ab und führt durch das Uladalen bis nach Mysuseter. Unterwegs weist ein kleines Schild den Weg zu den Kvitskriuprestein, den einzigen Erdpyramiden Norwegens, die nach einem kurzen, aber steilen Fußmarsch am Berghang zu sehen sind. Von weitem könnte man die hellen Säulen mit den dunklen Steinhüten mit etwas Fantasie durchaus für eine Gruppe Priester halten – dieser Assoziation verdanken sie zumindest ihren unaussprechlichen Namen. Bei Trockenheit ist das Moränengeröll hart wie Beton, doch wenn es regnet, erodiert der Hang stark, und nur Säulen mit einem Deckstein können zu langen, schlanken Erdpyramiden heranwachsen.

INFORMATION
Dombås Turistkontor, Einkaufszentrum Frichgården, N-2660 Dombås, Tel. 61 24 14 44, Fax 61 24 11 90, www.dovrenett.no

03 LOM

Lom am Nordrand des Jotunheimen ist ein Verkehrsknotenpunkt und Touristenzentrum. Der Ort bietet wegen seiner alten und neuen Holzhäuser ein recht harmonisches Bild.

SEHENSWERT Schon von weitem ist die große dreischiffige **Stabkirche** aus dem 12. Jh. zu sehen, die trotz mehrerer Umbauten und Erweiterungen zu den schönsten Kirchen Norwegens zählt. Bemerkenswert sind die Schnitzereien am Portal und der Innenraum mit den zahlreichen Stützpfeilern und dem barocken Altar (Mitte Juni–Mitte Aug. tgl. 9.00–20.00, sonst 10.00 bis 16.00 Uhr). In der Nähe der Kirche, beim Prestfossen-Wasserfall, liegt das **Gebirgsmuseum**, das anschaulich die Wechselwirkungen zwischen Mensch und Natur im Gebirge anhand von Fotos, Gemälden und Filmvorführungen zeigt (Norsk Fjellmuseum; Mitte Juni–Mitte Aug. Mo.–Fr. 9.00 bis 19.00, Sa., So. 10.00–19.00, sonst Mo. bis Fr. 9.00–16.00, Sa. u. So. 11.00–17.00 Uhr). Das **Fossheim Steinsenter** am Ortsrand zeigt eine große Mineraliensammlung; im Laden Schmuck und Mineralien (tgl. 10.00–19.00 Uhr).

UMGEBUNG 10 km östl. ist in **Garmo** das Geburtshaus Knut Hamsuns zu besichtigen; das kleine Museum dokumentiert, in welch ärmlichen Verhältnissen der Nobelpreisträger aufgewachsen ist. Die Stabkirche von Garmo steht hier nicht mehr, sie wurde ins Freilichtmuseum Maihaugen in Lillehammer versetzt. Die Sagasäule bei **Elveseter** im Bøverdal (15 km südw.) zeigt norwegische Geschichte ab 872; vom Sockel bis zur Königskrone misst die Säule 32 m. **Jotunheimen,** die „Heimat der Riesen", sind die Alpen Norwegens mit den höchsten und wildesten Bergen Skandinaviens. Immerhin 20 Gipfel übertreffen die 2000-Meter-Marke. Seit mehr als 100 Jahren ist Jotunheimen das beliebteste Wandergebiet Norwegens und deshalb mittlerweile gut erschlossen. Die Landschaft, großteils hochalpin, wird durch zahlreiche Seen und Gletscher gegliedert. Aber auch die westl. angrenzenden Gebirge wie das Kletterparadies Hurrungane und Breheimen mit seinen vielen kleineren Gletschern bieten spektakuläre Naturerlebnisse. Der 1140 km^2 große **Jotunheimen-Nationalpark** bildet den Kern des Gebirges; hier liegen mit dem Galdhøpiggen (2469 m) und dem Glittertind (2452 m) auch die beiden höchsten Gipfel. Für eine Besteigung dieser Berge bieten sich als Ausgangspunkte die beiden mautpflichtigen Straßen zur Juvasshütte und zur Spiterstulenhütte an. Schon die Auffahrt auf steilen Serpentinen durch eine immer unwirtlicher werdende Landschaft zur 1841 m hoch gelegenen Juvasshütte ist ein Erlebnis. Von dort sind es noch rund 3 Std. bis zum Gipfel des Galdhøpiggen. Wegen der nicht ungefährlichen Gletscherspalten unterwegs sollte man sich auf jeden Fall einer der geführten Touren anschließen, die tgl. angeboten werden. Die Spiterstulenhütte liegt auf rund 1100 m Höhe, und auch von dort gibt es einen Weg zum Gipfel des Galdhøpiggen; da aber ab der Hütte rund 1300 Höhenmeter zu überwinden sind, ist es die anstrengendere Variante. Auch der Glittertind ist von Spiterstulen gut zu erreichen. Im Südosten des Nationalparkgebiets liegt der durch „Peer Gynt" bekannte **Beseggengrat** **TOPZIEL**. Das **Hurrungane** bildet die südwestl. Fortsetzung Jotunheimens; besonders bei Kletterern ist der wilde Skagastølstindane (2405 m) mit seinen Steilwänden beliebt. Ein guter Ausgangspunkt für Wanderungen im Hurrungane ist Turtagrø an der Sognefjellstraße.

Rondslottet, 2178 Meter hoch, ist einer der bizarren Gipfel im Rondane-Nationalpark

Tipp

Vom Sommer in den Winter

Die Verbindung über das Sognefjell, die durch ein grandioses Gebirgspanorama führt, ist eine der spektakulärsten Passstraßen Norwegens. Innerhalb weniger Kilometer schraubt sie sich in Serpentinen von Skjolden am Lustrafjord ins Hochgebirge. Wie im Zeitraffer geht es dabei durch die Jahreszeiten, vom sommerlich grünen Fjordufer auf 1440 m, wo oft auch im Sommer noch Schnee liegt. Schon früh haben Bauern ihre Waren auf Pferden über das Sognefjell transportiert, bis 1938 die Straßenverbindung von arbeitslosen Jugendlichen fertig gestellt wurde. Interessant ist auch der Abstecher auf einer teilweise unbefestigten Straße hinunter nach Øvre Årdal.

INFORMATION

Lom Turistkontor, im Fjellmuseum, N-2688 Lom, Tel. 61 21 29 90, Fax 61 21 29 95, www.visitlom.com

04 OTTA

Der kleine Ort liegt am Zusammenfluss von Otta und Lågen und ist seit jeher ein Verkehrsknotenpunkt im oberen Gudbrandsdal. Im Zweiten Weltkrieg wurde Otta fast vollständig zerstört und danach in sehr nüchternen Stil wieder aufgebaut.

UMGEBUNG 14 km nördl. liegt der Mittelalterhof **Jørundgård** aus dem frühen 14. Jh., der 1994 als Kulisse zur Verfilmung der Romantrilogie „Kristin Lavransdatter" von Sigrid Undset rekonstruiert wurde; auf dem Hof sind noch viele Requisiten der Filmaufnahmen zu sehen (Mitte Juni bis Aug. tgl. 10.00 bis 18.00 Uhr). Das westl. gelegene **Heidal** wirkt wegen der zahlreichen historischen Holzhäuser wie ein bewohntes Freilichtmuseum; viele der Häuser stammen noch aus dem frühen 18. Jh. und stehen unter Denkmalschutz. Durch das Tal fließt die Sjoa, einer der besten Wildwasserflüsse Norwegens. Die schäumenden Stromschnellen der Soja sind den ganzen Sommer über ein Mekka der Raftingfans und Wildwasserkanuten; in Heidal gibt es mehrere Veranstalter, die Touren organisieren (zum Beispiel Heidal Rafting, Tel. 61 23 60 37; Sjoa Rafting, Tel. 90 07 10 00; NWR, Tel. 61 23 07 00). Der westl. im Ottadal gelegene Ort **Vågå** hat einige schöne alte Gehöfte und ein kleines Freilichtmuseum; die Kirche in ihrer heutigen Form stammt aus dem 17. Jh. und ist deshalb keine stilreine Stabkirche mehr. Bei ihrem Bau wurden aber einige Teile, wie die schönen Schnitzereien am Eingang, von der Vorgängerkirche verbaut (Juli–Aug. tgl. 9.00 bis 19.00, sonst Mo.–Fr. 9.00–15.00 Uhr). Das **Rondanegebirge** ist zwar relativ klein, besitzt aber trotzdem zehn Gipfel, die über 2000 m hoch sind; eine Umrundung des Rondane ist von Otta über Ringebu, Folldal, Hjerkinn, Dombås und Dovre mit dem Auto bequem an einem Tag zu schaffen. Der **Nationalpark Rondane**, 1962 eingerichtet, war der erste Norwegens. Schroffe Gipfel, tief eingeschnittene Täler, Moränenhügel und Sanderflächen aus der letzten Eiszeit, wenig Niederschläge und eine spärliche Vegetation sind die Merkmale dieses Nationalparks. Viele markierte Wege und relativ kurze Abstände zwischen den Hütten erleichtern Wanderungen. Die besten Ausgangspunkte sind die ehemaligen Almsiedlungen Mysuseter, Rondablikk und Høvringen. Sie bieten komfortablen Übernachtungsmöglichkeiten und sind alle von der E 6 auf Stichstraßen zu erreichen.

INFORMATION

Otta Turistkontor, Ola Dahlsgata 1, N-2670 Otta, Tel. 61 23 66 50, Fax 61 23 09 60, www.visitrondane.com

05 BEITOSTØLEN

Die Hüttensiedlung Beitostølen liegt auf rund 900 m Höhe am Südrand Jotunheimens. Im Sommer ist der Ort ein guter Ausgangspunkt für Wanderungen im Gebirge. Auf den Seen Bygdin und Gjende verkehren auch kleine Boote, die Wanderer mitten in den Nationalpark Jotunheimen bringen. Im Winter gilt Beitostølen als einer der bekannteren Wintersportorte. Lifte und Abfahrtshänge sind ideal für Familien. Skilangläufer finden hier ein einmaliges Betätigungsfeld, denn die Loipen sind immer gut präpariert und sehr abwechslungsreich. Einige führen bis ins Herz Jotunheimens durch tief verschneite Hochgebirgslandschaften.

Schlucht Magalaupet im Drivatal

RESTAURANT **Bergo Hotel,** Beitostølen, Tel. 61 35 10 00. Norwegische Spezialitäten in rustikaler Atmosphäre am Rand Jotunheimens; im Winter ideal für Skiurlauber.

UMGEBUNG Schon vom Ort aus ist das markante **Bitihorn** zu sehen (1608 m), dessen Gipfel auf einem einfachen Wanderweg in 3–4 Std. zu erreichen ist und der eine vorzügliche Aussicht bietet. Von der Valdresflya führt ein Wanderweg in rund 1,5 Std. auf einen weiteren Aussichtsberg, den Knutshø.

INFORMATION

Beitostølen Turistkontor, Hauptstraße, N-2953 Beitostølen, Tel. 61 35 22 00, Fax 61 35 22 01, www.beitostolen.com

06 BORGUND

Der kleine Ort im Lærdal ist durch seine Stabkirche bekannt. Sie befindet sich an der E16 zwischen Fagernes und Sogndal.

SEHENSWERT Die **Stabkirche** TOPZIEL wurde um 1150 vollständig aus Holz erbaut und ist nach Urnes die zweitälteste Norwegens. Da sie niemals umgebaut oder erweitert wurde und fast vollständig im Originalzustand erhalten ist, hat sie vielfach als Vorbild bei der Restaurierung anderer Stabkirchen gedient. Die mit Schindeln gedeckten, übereinander geschachtelten Dächer, die Drachenköpfe an den Giebeln, der fensterlose Innenraum und das mit Schnitzereien verzierte Westportal zeugen von der mittelalterlichen Baukunst (Mitte Juni–Mitte Aug. tgl. 8.00 bis 20.00, Mitte Mai bis Mitte Juni und Mitte Aug.–Mitte Sept. tgl. 10.00–17.00 Uhr). Interessantes Detail: Der Eingang an der Westseite hat eine „Geisterschwelle". Die Stufe sollte verhindern, dass böse Geister in die Kirche eindringen. Auch ist der Eingang ungewöhnlich schmal, ebenfalls zum Schutz vor Geistern. Im örtlichen Besucherzentrum erfährt man zusätzlich alles Wissenswerte über die Stabkirchen in Norwegen.

INFORMATION

Fortidsminneforeninga (Verein zur Erhaltung alter norwegischer Monumente), Postboks 437, N-6853 Sogndal, Tel. 57 67 88 40, Fax 57 67 88 89, www.fortidsminneforeningen.no

Nicht versäumen!

AKTIV

Im Reich der Moschusochsen
Bie einer Wanderung im Dovrefjell kann man frei lebende Moschusochsen beobachten. Die größten Erfolgsaussichten bringt eine organisierte Safari, aber auch wer auf eigene Faust von Kongsvoll aufbricht, hat gute Chancen.

TOPZIEL Siehe Nr. 02

AKTIV

In der Heimat der Riesen
In Jotunheimen, dem beliebtesten Wanderrevier, liegen mit Galdhöppigen und Glittertind die höchsten Berge des Landes. Die meisten Besucher zieht es aber zum durch „Peer Gynt" bekannten Beseggengrat.

TOPZIEL Siehe Nr. 03

AKTIV

Wilder geht's nicht
Hurrungane ist die südwestliche Fortsetzung vom Jotunheimen. Vor allem bei Kletterern sind die wild gezackten Gipfel beliebt. Aber auch Wanderer kommen hier auf ihre Kosten. Ein guter Ausgangspunkt ist die Sognefejllstraße.

Siehe Nr. 03

KULTUR

Lebendiges Freilichtmuseum
Das kleine Dorf Heidal wirkt wie ein Freilichtmuseen. Doch in den Häusern aus dunklen, verwitterten Balken, die alle unter Denkmalschutz stehen, leben noch Menschen. Sie pflegen die uralten Gebäude liebevoll.

Siehe Nr. 04

KULTUR

Perfektion in Holz
Fast unverändert seit dem Mittelalter ist die Stabkirche von Borgund. An ihren Schnitzarbeiten und anderen Details sieht man auch, dass der Glaube an und die Angst vor Geistern trotz Christianisierung damals noch verbreitet war.

TOPZIEL Siehe Nr. 06

SKIBLADNER.

Wo die Wälder ewig singen

Die großen Täler bilden natürliche Verkehrswege durch die waldreiche Mittelgebirgslandschaft Ostnorwegens. Schon im Mittelalter zogen Könige und Pilger durch das Gudbrandsdal von Oslo nach Trondheim, heute sind es Touristen in unzähligen Wohnmobilen und Wohnwagen auf dem Weg zum Nordkap. Dennoch hat sich das bekannteste Tal Norwegens erstaunlich viel von seinem Flair bewahren können. Besonders charmant zeigt sich Lillehammer, die unumstrittene Perle des Gudbrandsdal.

Gar nicht museal: Seit über 100 Jahren durchpflügt die „Skibladner“ den Mjøsasee

01

Die relativ breiten und tiefen Kerben von Østerdal, Gudbrandsdal, Valdres, Hallingdal und Numedal zerteilen die Mittelgebirgslandschaft Ostnorwegens. Sie sind ein Ergebnis der letzten Eiszeit und bildeten schon immer natürliche Verkehrswege, entlang derer das Land besiedelt wurde. Auch heute noch verläuft durch jedes dieser Täler eine Hauptverkehrsstraße, durch einige zusätzlich noch eine Bahnlinie. Überall spielt die Landwirtschaft noch eine wichtige Rolle, und viele alte Bauernhöfe dokumentieren die weit zurückreichende Geschichte dieser Kulturlandschaft. Die Talböden, aber auch die Hänge werden häufig fast bis zur Baumgrenze als Felder oder Wiesen genutzt. Und so mancher Bauer verdient sich während des Sommers ein Zubrot, indem er ein Stück Wiese als Campingplatz deklariert oder einige Ferienhütten und Zimmer vermietet.

Das Tal der Täler

Für die Norweger ist das Gudbrandsdal das „Tal der Täler" oder neuerdings werbewirksam das „Tal der tausend Möglichkeiten" – zu Recht, denn kulturell und historisch hat es immer eine Hauptrolle gespielt. Schon im Mittelalter war es die bevorzugte, weil einfachste und sicherste Route der Pilger und Könige von Oslo nach Nidaros, dem heutigen Trondheim. Der sagenhafte Peer Gynt soll hier gelebt haben, die Nobelpreisträgerin Sigrid Undset verbrachte ihr halbes Leben in Lillehammer, und auch ihre bekannteste Heldin, Kristin Lavransdatter, fand ihr Schicksal im Gudbrandsdal. Und Trygve Gulbranssen ließ in seiner weltbekannten Trilogie hier Bjørndals Wälder ewig singen. So war es nur konsequent, dass die Olympischen Winterspiele 1994 in Norwegen nach Lillehammer vergeben wurden.

Der 100 Kilometer lange Mjøsasee bildet die Fortsetzung des Gudbrandsdal nach Süden, hier setzte man seinen Weg zu Schiff fort. Den technischen Fortschritt des 19. Jahrhunderts spiegelt die 1856 in

01 *Lillehammers Kunstmuseum*
02 *Sobald die Sonne scheint, sitzt man draußen: Lillehammer*
03 *Flucht gelungen: Birkebeinerdenkmal*

01 *Alt-Lillehammer in Klein: Lilleputthammer*
02 *Wölfe waren einst überall in Norwegen zu Hause: Langedrag*

03 *Im Freizeitpark Langedrag kann man auf Norwegerpferden ausreiten*

05

SPECIAL Freilichtmuseum Maihaugen

Eine Zahnarzt-Leidenschaft

Der Sammelleidenschaft des Zahnarztes Anders Sandvig verdankt Maihaugen seine Existenz.

Zeitreise durch 500 Jahre

1887 hatte Anders Sandvig die seinerzeit ungewöhnliche Idee, alte Bauerntraditionen für die Nachwelt zu erhalten. So sammelte er auf seinen Reisen, was ihm in die Finger kam, und oft ließ er sich sein Honorar in „Naturalien" auszahlen. Als er dann auch noch alte Häuser zu kaufen begann, brauchte er dringend mehr Platz. 1904 schließlich übernahm die Stadt seine Sammlung und richtete auf dem Maihaugen ein Museum ein.

Mittlerweile stehen auf dem Gelände 175 Gebäude. Das „Dorf" bildet das bäuerliche Gudbrandsdal vom Gutshof über den Fischerschuppen bis zur Stabkirche samt Pfarrhof nach, die „Stadt" besteht aus einer Hauptstraße mit Geschäften, Werkstätten und Wohnungen aus Lillehammer um das Jahr 1900, in der „Wohnsiedlung" stehen Einfamilienhäuser des 20. Jahrhunderts. Arbeitende Werkstätten und verschiedene Dauerausstellungen runden das positive Bild ab. Auch die Ausstellung „Wie das Land unser wurde" ist vorzüglich präsentiert. Sie hat die Geschichte Norwegens von der Eiszeit bis zur Gegenwart zum Thema (Sandvigsche Sammlungen, Maihaugvegen 1, www.maihaugen.no; Mitte Mai–Ende Sept. tgl. 10.00–17.00, sonst Di. bis So. 11.00–16.00 Uhr).

Freilichtmuseum Maihaugen

Dienst gestellte „Skibladner", die zwar nicht mehr im Liniendienst verkehrt, aber immer noch als weißer Schwan vom Mjøsasee Nostalgiereisende entzückt. Heute ist die Europastraße 6 die Hauptverkehrsader, denn wer zum Nordkap will, hat kaum eine andere Alternative. Doch trotz der endlosen sommerlichen Wohnmobil- und Wohnwagenkarawanen ist das Tal noch erstaunlich ursprünglich geblieben.

Ruhe und Gemütlichkeit

Lillehammer ist längst von der Olympiade zum Alltag zurückgekehrt, doch im Olympischen Museum schwingt schon ein wenig Wehmut bei der Erinnerung an die Tage mit, als das kleine Städtchen in aller Munde war. Bis auf die Tage um das historische und immerhin 56 Kilometer lange „Birkebeinerrennen" ist das Leben in der Kleinstadt mit der sympathischen Mischung aus alten Holzhäusern und Neubauten wieder von überschaubarer Gemütlichkeit geprägt. Auch die mittlerweile ziemlich ruhigen Skisprungschanzen Lysgårdbakkerne hoch oben am Berghang und Maihaugen, das wohl schönste Freilichtmuseum Norwegens, sind gut zu Fuß zu erreichen.

04 *Trachten liegen in Norwegen griffbereit im Schrank: Hochzeitsgäste in Hol*
05 *Bauernstube im Museum Maihaugen*

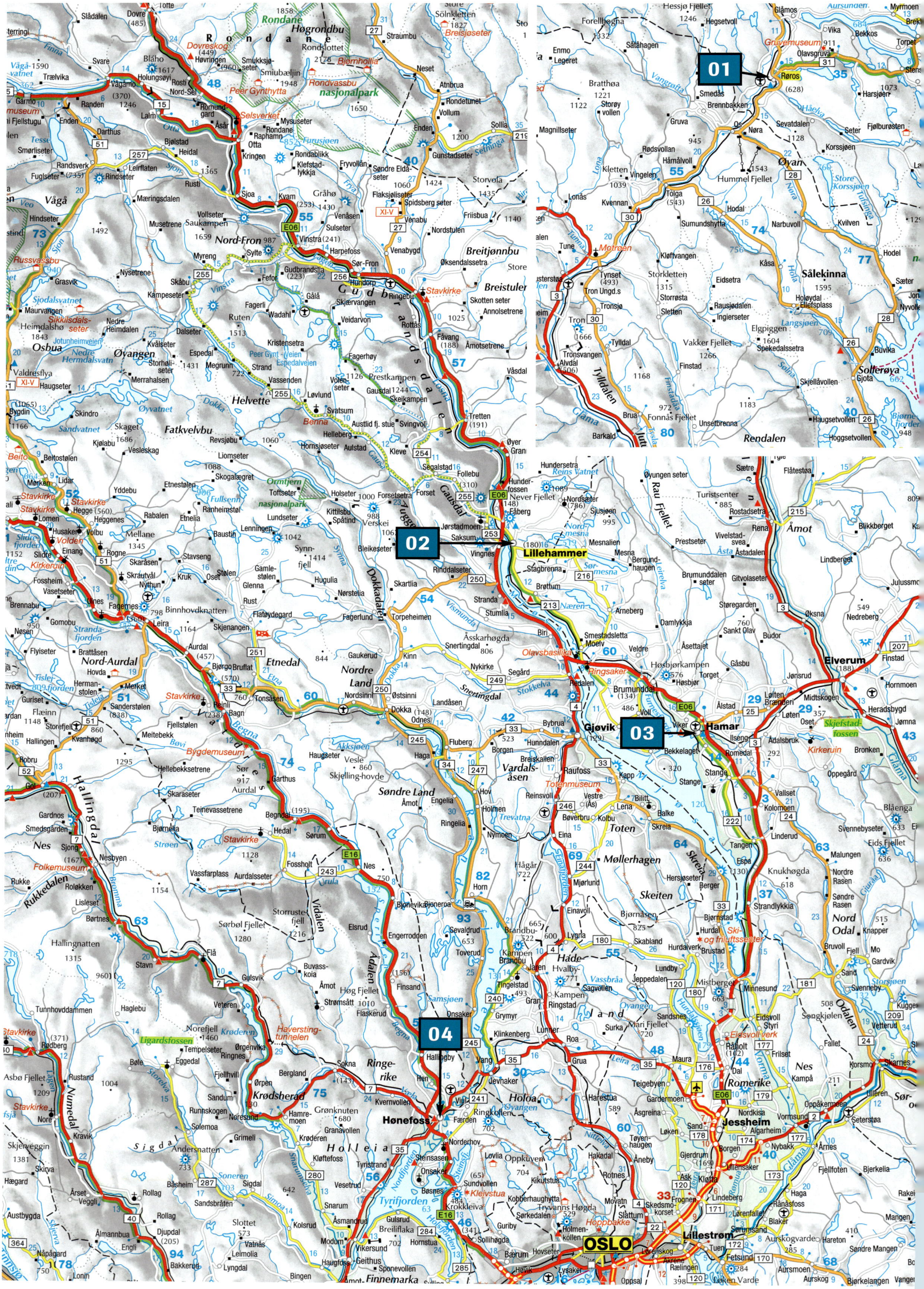

01
02
03
04
Rondane
Rondane nasjonalpark
Røros
Lillehammer
Gjøvik
Hamar
Elverum
Hønefoss
OSLO
Lillestrøm
Jessheim
Romerike
Otta
Vågå
Dombås
Ringebu
Gudbrandsdalen
Nord-Fron
Sør-Fron
Beitostølen
Fagernes
Nord-Aurdal
Dokka
Nordre Land
Søndre Land
Hallingdal
Nes
Numedal
Ringerike
Hadeland
Toten
Tynset
Tolga
Os
Sølekinna
Solleføya
Rendalen
Tyrifjorden
Mjøsa

Fruchtbare Täler mit Tradition

Der Osten Norwegens ist geprägt durch lange, breite Täler, die früher oft die einzigen Verkehrswege boten. Auch heute noch sind die Täler vorwiegend Bauernland, aber auch sommers wie winters beliebte Reiseziele. Allen voran das „Tal der Täler", das Gudbrandstal. Sein Zentrum ist der charmante Ort Lillehammer, wo 1994 die Olympischen Winterspiele stattfanden.

01 RØROS

Der größte Ort im Østerdal und Norwegens einzige Stadt im Gebirge verdankt seine Existenz den 1644 erschlossenen Kupfervorkommen der Gegend. 1977 wurde die letzte Grube geschlossen. Damit war eine 300 Jahre andauernde Äre vorbei. Seitdem setzt die Grubenstadt auf den Tourismus. Mit der Altstadt, die auf der UNESCO-Liste der erhaltenswerten Kulturdenkmäler steht, sind die Voraussetzungen dazu nicht schlecht. Allerdings gilt das nur für den Sommer. Im Winter wird es extrem kalt; der Minusrekord liegt bei 50,4 Grad.

SEHENSWERT Die Stadt **TOPZIEL** am Fluss Hitterelv zählt mit ihren bunten **Holzhäusern,** von denen 80 unter Denkmalschutz stehen, und ihrem Wahrzeichen, der steinernen **Kirche** (1784), zu den schönsten des Landes (UNESCO-Welterbe). Das Gelände des ehem. **Kupferbergwerks** dehnt sich auf 6000 km² aus, die Grubenanlagen, Schmelzwerke, Kohlemeiler und Transportsysteme für Wasser, Holz und Erz bilden ein einmaliges industrielles Kulturdenkmal; jenseits des Flusses stehen in unmittelbarer Nähe der Schlackehaufen noch fünf alte Bergarbeiterhäuser, die einen guten Eindruck der ärmlichen Lebensverhältnisse zur Zeit des Kupferbergbaus vermitteln. Der **Thomasgaard** ist ein altes Hofgebäude im Zentrum, das von dem Holzschnitzer Henri Solli und dem Keramiker Torgeir Leander als gemütliches Café und Galerie gestaltet wurde (Kjerkegata 48; Mo.–Do. und Sa., So. 11.00 bis 16.00, Fr. 11.00–21.00 Uhr).

MUSEUM Das **Rørosmuseum** befindet sich in der ehem. Kupferhütte am Malmplassen bei den Abraumhalden; es zeigt anhand vieler Modelle die Verhüttung des Kupfers (Smelthytta, Malmpassen; Mitte Juni–Mitte Aug. tgl. 10.00 bis 18.00, Führungen in englischer Sprache tgl. 15.00, sonst Mo.–Fr. 11.00–16.00, Sa. und So. 11.00–15.00 Uhr).

RESTAURANTS **Kaffestuggu Røros,** Bergmannsgata 18, Tel. 72 41 10 33. Das Café in einem der ältesten Gebäude der Stadt bietet sich für eine Tasse Kaffee oder einen Imbiss an. Schön sitzt es sich in der 2. Etage wegen der pastellfarbenen Wände und Decken, des alten Ofens, der Porträts und der Bauernmöbel.

UNTERKUNFT **Vertshuset Røros,** Kjerkegata 34, N-7374 Røros, Tel. 72 41 93 50, Fax 72 41 93 51. Gemütlicher Gasthof in einem historischen Gebäude mitten im Zentrum mit 9 Z.

UMGEBUNG Die **Olavsgruva** (13 km östl.) ist das einzige Bergwerk, das für Besucher geöffnet ist; die Führung geht bis in eine Tiefe von 50 m und 500 m weit in den Berg hinein und vermittelt mit Hilfe von Licht- und Toneffekten ein realistisches Bild der Arbeitsbedingungen unter Tage. Am Eingang gibt es ein Bergarbeitermuseum (Mitte Juni–Mitte Aug. tgl. 10.30–17.00 Uhr).

INFORMATION
Røros Turistkontor, Peder Hiortsgata 2, N-7361 Røros, Tel. 72 41 11 65, Fax 72 41 02 08, www.rorosinfo.com

02 LILLEHAMMER

Lillehammer, Austragungsort der Olympischen Winterspiele 1994, ist sommers wie winters das größte Touristenzentrum im Gudbrandsdal. Vor 150 Jahren noch ein Nest, kam der Aufschwung mit der Eröffnung der Eisenbahn von Oslo 1894. Neben den Museen sind vor allem die drei schneesicheren Skigebiete Hafjell, Kvitfjell und Skeikampen sowie das ausgedehnte Netz an Loipen von 350 Kilometern Länge und im Sommer die Wandermöglichkeiten in der Umgebung die Attraktionen.

SEHENSWERT Der **Olympiapark** in der Nähe des Zentrums bildet das Herz des Olympiageländes. Die Håkon-Halle ist ein gelungenes Beispiel einer Mehrzweckhalle, in ihr fanden die olympischen Eishockey-Wettbewerbe statt. Im Sportzentrum kann man Kletterwand, Aerobicsaal, Kraftraum und Solarium nutzen (Mitte Juni bis Mitte Aug. Mo.–Fr. 8.00–20.00, Sa. und So.

Tipp

Zu Fuß oder auf Skiern

Die Troll-Loipe, auch Lillehammer-Rondane-Pfad genannt, ist eine 170 km lange, markierte Wanderroute durch unberührte Natur. Teils verläuft die Strecke im Hochgebirge, teils durch Birkenwälder. Im Winter ist die Loipe von Anf. Febr. bis nach Ostern markiert; in der Regel wird ein Großteil der Strecke maschinell präpariert. Sommers wie winters ist es eine wunderschöne Wochentour mit Tagesetappen zwischen 17 und 35 km, wobei am Ende jeder Etappe eine Übernachtungsmöglichkeit wartet, oft in Berghütten des Norwegischen Bergwandervereins DNT. Der Einstieg ist oberhalb von Lillehammer in Sjusjøn oder Nordseter, dann folgt man dem Weg über Pellestova, Vetåbu, Venabu und Eldåbu bis nach Høvringen (Infos und Karten im Lillehammer Turistkontor).

Zu einer Bauernhochzeit gehört ein Ständchen mit der Hardangerfidel

10.00–18.00 Uhr). Von beiden **Olympiaschanzen,** den Lysgårdsbakkene, hat man einen schönen Ausblick auf Lillehammer und das Gudbrandsdal. Noch besser ist die Aussicht vom Turm der **Großschanze,** zu der 954 Stufen und für Bequeme ein Lift hinaufführen (Mitte Juni–Mitte Aug. tgl. 9.00–20.00, sonst 9.00–17.00 Uhr). Im Ski- und Bobsimulator kann man die Abfahrtsläufe und Bobfahrten wie die Olympiasieger erleben (Lysgårdsbakkene; Mitte Juni–Mitte Aug. tgl. 9.00–20.00, sonst 9.00 bis 17.00 Uhr). Die **Olympische Bob- und Rodelbahn** in Hunderfossen ist 1710 m lang und schlängelt sich in 16 Kurven zu Tal; im Sommer können sich bis zu vier Personen einem erfahrenen Piloten anvertrauen und mit einem Bob auf Rädern den Betonkanal mit bis zu 100 km/h talwärts rasen (Juli bis Mitte Aug. tgl. 11.00–18.00 Uhr, sonst kürzer).

MUSEEN Im **Norwegischen Olympischen Museum** können Besucher noch einmal die Olympischen Winterspiele von 1994 Revue passieren lassen und sich insgesamt über die Spiele von der Antike bis in die Gegenwart informieren (Håkon-Halle; Mitte Mai–Ende Sept. tgl. 10.00 bis 17.00, sonst 11.00–16.00 Uhr). Im **Lillehammer Kunstmuseum** sind Werke bekannter norwegischer Künstler sowie zahlreiche Sonderausstellungen zu sehen; der moderne Bau wurde vom Architektenbüro Snøhetta entworfen, das auch die hoch gelobte neue Ägyptische Bibliothek in Alexandria geplant hat (Stortorget 2, www.lillehammerartmuseum. com; Ende Juni–Aug. tgl. 11.00–17.00, sonst Di.–So. 11.00–16.00 Uhr). Das erste und größte **Fahrzeughistorische Museum Norwegens** zeigt die Entwicklung vom einfachen Schneeschlitten bis zu den heutigen modernen Autos (Norsk Kjøretøyhistorisk Museum, Lilletorget; Mitte Juni–Mitte Aug. tgl. 10.00–18.00, sonst Mo. bis Fr. 11.00–15.00, Sa. und So. 11.00 bis 16.00 Uhr). Das **Freilichtmuseum Maihaugen** zeigt 500 Jahre Bauernkultur.

VERANSTALTUNG Seit 1932 findet Mitte März das **„Birkebeinerrennen"** statt, ein Skilanglauf über 56 km. Die Veranstaltung erinnert an eine Begebenheit aus dem 13. Jh., als in Norwegen Bürgerkrieg herrschte: Die Königstreuen, die wegen ihrer aus Birkenrinde gefertigten Gamaschen „Birkebeiner" genannt wurden, fürchteten um den zweijährigen Königssohn und brachten ihn mit ihren besten Skiläufern von Lillehammer nach Rena im Østerdal in Sicherheit. Zur Erinnerung an die geglückte Flucht wird das Rennen durchgeführt, das auch zur Worldloppet-Serie gehört und mit mehreren Tausend Teilnehmern gestartet wird (Info: www.birkebeiner.no).

RESTAURANTS **Bryggerikjelleren,** Elvegata 19, Tel. 61 27 06 60. Ein beliebter Treffpunkt der Stadt in einem alten Bierkeller von 1855. Gleich nebenan liegt das **Brenneriet Restaurant,** ideal Ziel für Familien, abends Nachtclub.

Ein gewaltiger Buckel: Hamars Olympiahalle wird passenderweise ›Vikingskip‹ genannt

Tipp

Ufos über Norwegen

Wenn es Nacht wird im Hessdal nördlich Røros, tauchen am Himmel immer wieder sonderbare Lichter auf – und das schon seit mehr als 20 Jahren. Anfangs wunderten sich nur Einheimische über die Lichtphänomene, dann wurden die Medien auf das abgelegene Tal aufmerksam, und plötzlich war von UFOs die Rede. Wissenschaftler enttarnten viele der merkwürdigen Lichter als Flugzeuge oder ähnlich Profanes. Aber es blieben doch einige Rätsel, und deshalb wurde 1998 im Hessdal die erste automatische Beobachtungsstation der Welt für unerklärliche Lichtphänomene installiert. Bis 2003 hat eine Videokamera das Gebiet rund um die Uhr überwacht und einige Lichtphänomene aufgezeichnet. Nachdem finanzielle Probleme überstanden sind, gibt es nun ein Nachfolgeprojekt. Wer miträtseln möchte, findet alles Wissenswerte auf www.hessdalen.org.

UNTERKUNFT **Birkebeineren Hotel,** Birkebeinervegen 24, N-2618 Lillehammer, Tel. 61 05 00 80, Fax 61 05 00 99, www.birkebeineren.no. Hotel mit 40 Z., Motel und Wohnungen in schöner, ruhiger Lage im Olympiapark.

UMGEBUNG **Sjusjøen** und **Nordseter** sind ehem. Almen (800–900 m) östl. Lillehammers; von ihnen führen viele markierte Wanderwege ins Gebirge, und im Winter wird ein Loipensystem präpariert. Beliebt ist die „Drei-Gipfel-Tour" von Sjusjøen zum Snørvill, Mostefjell und Sollifjell (Länge ca. 22 km). Der nördl. Lillehammer gelegene **Familienpark Hunderfossen** bietet rund 50 Sehenswürdigkeiten und Attraktionen wie Rafting, Wachsfigurenkabinett, Kommunikationszentrum, Energiecenter, Märchenschloss und Märchengrotte (www.hunderfossen.no; Ende Juni bis Anf. Aug. tgl. 10.00–19.00, sonst 10.00–17.00 Uhr). Ein paar Kilometer weiter nördl. ist in Øyer die kleine Welt **Lilleputthammer** zu finden (Ende Juni–Mitte Aug. 10.00–19.00 Uhr). Nördl. Lillehammer bietet sich der **Peer-Gynt-Veien** für einen Abstecher von der E 6 auf der Fahrt in Richtung Norden an (s. auch Karte S. 80). Dafür biegt man bei Tretten (25 km nördl.) von der Hauptstraße ab und fährt auf einer kurvigen Straße ins Gebirge; über Gausdal und Gola kommt man schließlich bei Vinstra wieder auf die Hauptstraße. Dieser Umweg ist auch wegen der schönen Aussicht auf das Rondane-Gebirge lohnend. In **Ringebu** (60 km nördl.; außerhalb der Detailkarte, s. Karte S. 80) steht eine Stabkirche aus dem 13. Jh., 1630 allerdings umgebaut. Etwas nördl. des Ortes zweigt eine Straße ins Ringebufjell ab, von der sich nach wenigen Kilometern gute Wandermöglichkeiten mit Blick aufs Rondane bieten.

INFORMATION
Lillehammer Turistkontor, im Bahnhof, N-2609 Lillehammer, Tel. 61 28 98 00, Fax 61 28 98 01, www.lillehammerturist.no

03 HAMAR

Aus dem Bischofssitz im 12. Jh. wurde im 19. und 20. Jh. ein Industrie- und Verwaltungszentrum – ohne besonders beeindruckendes Stadtbild. Schön ist die Lage am Ostufer des Sees Mjøsa, der in den 15 km langen Furnesfjord übergeht. 1994 war Hamar einer der Austragungsorte der Olympischen Winterspiele neben Lillehammer und Gjøvik.

SEHENSWERT Hamars größte Attraktion und Wahrzeichen ist die **Olympiahalle,** das „Vikingskip"; die Halle für 20 000 Zuschauer sieht wie ein kieloben liegendes Wikingerschiff aus.

MUSEEN Etwas außerhalb der Stadt liegen auf der Halbinsel Domkirkeodden das **Freilichtmuseum** mit 55 historischen Gebäuden aus der Region Hedmark und der Ruine der **Hamarer Domkirche** (Urspr. 12. Jh.), die durch Glas vor Wind und Wetter geschützt ist. Im Museum sind Gegenstände aus der Wikingerzeit und dem weiteren Mittelalter zu sehen (Hedmarksmuseet og Domkirkeodden, Strandvegen 100; Mitte Juni bis Mitte Aug. tgl. 10.00–17.00, sonst Di.–So. 10.00 bis 16.00 Uhr); Mitte Juni findet auf dem Gelände ein farbenfrohes Mittelalterfest statt. Benachbart ist das **Jernbanemuseum,** das an Zeiten erinnert, als es auf den Loks noch Heizer gab (wie Hedmarksmuseet). 1854 wurde die Eisenbahnlinie von Oslo nach Eidsvoll eröffnet; weiter nordwärts reichte die Trasse nicht, weshalb es am bequemsten war, die Reise nach Lillehammer auf dem Mjøsasee, dem größten Norwegens, fortzusetzen. 1856 wurde die **„Skibladner"** in Dienst gestellt; sie ist seither mit nur kurzen Unterbrechungen auf dem Mjøsa unterwegs und damit ältester funktionstüchtiger Schaufelraddampfer. Die nostalgische Ausflugsfahrt beinhaltet auch das Traditionsmenü Lachs und zum Nachtisch Erdbeeren (Info: Tel. 61 14 40 80 oder www.skibladner.no; im Sommer ab 9.30 Uhr Di., Do. und Sa. mehrere Fahrten auf der Strecke Gjøvik-Hamar-Lillehammer, Mi., Fr. und So. auf der Strecke Gjøvik-Eidsvoll-Hamar).

UMGEBUNG Das kleine **Eidsvoll** am Südende des Mjøsasees ist für die Norweger ein Nationalmonument, denn in dem alten Gutshof von Eidsvoll verk wurde im Jahre 1814 die Verfassung ausgearbeitet und am 17. Mai unterzeichnet; seitdem ist dieser Tag Nationalfeiertag (Carsten Ankers vei; Mai–Aug. tgl. 10.00–17.00, Sept. und April Di.–Fr. 10.00–15.00, Sa. und So. 12.00 bis 17.00, Okt–März Mi.–Fr. 10.00-15.00, Sa. und So. 12.00–17.00 Uhr).

Tipp

Im Zeichen des Hammers

Johan Falkberget (1879–1967) wurde auf dem Hof Falkberget in Trondalen geboren. Bis zu seinem 27. Lebensjahr arbeitete der Schriftsteller in den Nordgruvene. So ist es nicht überraschend, dass in vielen seiner Werke die Bergleute und das Grubenmilieu der Rørosvidda eine Rolle spielen, zum Beispiel in der Trilogie „Im Zeichen des Hammers". Nachdem er einige Jahre in Oslo gelebt hatte, kehrte Falkberget 1922 in seine Heimat zurück und baute sich ca. 20 km von Røros in Richtung Trondheim (außerhalb des Kartenausschnitts) den Hof Ratvolden, wo er bis zu seinem Tod lebte. Hier informiert ein kleines Museum über Leben und Werk des Dichters (Juli Di.–So. 11.30–15.00, Führungen 12.00 und 13.30, sonst 11.30–13.30 und Führung um 12.00 Uhr).

INFORMATION
Hamar Turistkontor, Vikingskipet, N-2304 Hamar, Tel. 62 51 75 41, Fax 62 51 75 51, www.hammarregionen.no

04 HØNEFOSS

Die Stadt ist nach einem Wasserfall mitten im Ort benannt, der allerdings schon lange trocken gelegt wurde. Hønefoss ist eine moderne, nüchterne Stadt, die von der Holzverarbeitung lebt. Bei Hønefoss beginnen zwei Straßen in Richtung Norden, die Straße 7 durch das Hallingdal und die E 16 durch das Valdrestal.

UMGEBUNG Am Beginn des 40 km langen Krøderensees, der das Hallingdal in Richtung Norden begleitet, liegt **Krøderen;** von hier verkehrt an Sommersonntagen auf 26 km eine Museumsbahn ins südlich gelegene Vikersund (Info: Tel. 32 14 76 03 oder www.njk.no). Am Krøderen steht auch die Villa Fridheim, ein verspielter Holzbau aus der Zeit der Nationalromantik, in dem heute ein Märchenmuseum untergebracht ist (tgl. 10.00–17.00, im Juli bis 18.00 Uhr). Weiter nördlich im Hallingdal bei **Flå** ist der Vassfaret Bjørnepark mit einigen Braunbären zu finden, darunter Norwegens größtem Exemplar, dem 400 kg schweren „Rugg"; außerdem gibt es Gehege mit Elchen (Juni–Aug. tgl. 11.00 bis 18.00, sonst 12.00–16.00 Uhr). Zwischen dem Hallingdal und dem Uvdal liegt am lang gestreckten Tunnhovdfjord nördl. Rødbergs der **Dyrepark Langedrag** (östl. an der Straße 40). Dort sind Wölfe, Luchse, Polarfüchse, Pferde und Rentiere zu sehen, außerdem gibt es zahlreichen Aktivitäten für Kinder (Tel. 32742550; tgl. 10.00–18.00 Uhr). **Fagernes** ist der vielbesuchten Hauptort des Valdrestales (130 km nördl.), der wegen seiner Lage an der Mündung des Neselv in den See Strandefjord auch bei Sportanglern sehr beliebt ist. Wer nicht angelt, der besucht das Valdres Folkemuseum. Es liegt auf einer Halbinsel im See und besteht aus fast 100 historischen Gebäuden aus der Umgebung. Das älteste Gebäude, ein Vorratshaus aus der Gegend von Hovi, ist höchstwahrscheinlich schon um 1200 gebaut worden. Interessantes Detail: Die Häuser sind mit authentischen Möbeln, Jagdwaffen, Textilien und Musikinstrumenten eingerichtet (Tyinvegen; im Juli tgl. 10.00 bis 17.00, Aug. tgl. 10.00–16.00, sonst Mo.–Fr. 10.00 bis 15.00 Uhr).

Nicht versäumen!

ERLEBEN

Kaffee und Kunst
Im Thomasgaard in Røros kann man eine Tasse Kaffee trinken und ein Stück Kuchen essen. Das Besondere aber ist das Kunsthandwerk, das hier angeboten wird, denn es stammt zu einem guten Teil aus eigener Produktion.

TOPZIEL Siehe Nr. 01

KULTUR

Viel mehr als nur alte Häuser
Ein Spaziergang durch das Freilichtmuseum Maihaugen gleicht einer Reise durch 500 Jahre norwegischer Bauernkultur. Häuser, Einrichtungen und Menschen aus vergangenen Zeiten werden so für einige Stunden wieder lebendig.

Siehe Nr. 02

NATUR

Auf den Spuren einer Legende
Auf dem rund 60 Kilometer langen Peer-Gynt-Veien zwischen Skeikampen, Gålå, Fefor und Dalseter erlebt man eine traumhaft schöne Hochgebirgslandschaft und kann sich in die Welt von Peer Gynt hineinversetzen.

Siehe Nr. 02

ERLEBEN

Unter Volldampf
Mehr als 150 Jahre hat der Schaufelraddampfer „Skibladner" mittlerweile auf dem Buckel. Trotzdem schnauft er zur Freude von Ausflüglern und Touristen jeden Sommer aufs Neue über den Mjøsasee.

Siehe Nr. 03

ERLEBEN

Unter Wölfen und Füchsen
Der Naturpark und Bergbauernhof Langedrag liegt im Gebirge und bietet besonders Familien genug Betätigungsmöglichkeiten für einen ganzen Tag. Höhepunkt ist die Fütterung der Wölfe, Polarfüchse, Luchse und Rentiere.

Siehe Nr. 04

Auf dem Dach Norwegens

Drei Landschaften, wie sie unterschiedlicher kaum sein könnten, bilden den Kern des Südens. Und doch ist jeder Teil ein ganz typisches Stück Norwegen. Da ist die fast vollständig von hügeligen Wäldern bedeckte Provinz Telemark, in der das Skilaufen erfunden wurde. Für seine Silberschmiede und Mineralien bekannt ist das von der Otra und mehreren großen Seen durchzogene Setesdal. Und im Norden schließt sich Europas größte Hochebene, die Hardangervidda an – baumlos, karg, steinig und mit zahlreichen Seen gesprenkelt.

Die Setesdalheiene bei Hovden geben einen Vorgeschmack auf die karge Hardangervidda.

01

02

03

„Nichts ist so schön als wieder allein zu sein und friedlich und in sich gekehrt durch die Wälder zu streifen, Kaffee zu kochen und die Pfeife zu stopfen und dabei ein wenig langsam zu denken."

Knut Hamsun

Telemark und Skilaufen gehören untrennbar zusammen, denn in dieser Region liegt die Wiege des modernen Skisports. Wer kennt sie nicht, die elegante Telemarklandung beim Skispringen, bei der die Skier leicht versetzt in Schrittstellung den Schnee berühren. Nicht weniger elegant ist der Telemarkschwung, bei dem man tief in der Kniebeuge in eleganten Bögen den Hang hinunterfährt. Das alles verdanken die Freunde des weißen Sports einem gewissen Sondre Norheim aus Morgedal, einem kleinen Dorf in Telemark, der auf die ebenso geniale wie schlichte Idee kam, um die Hacken eine Schnur zu legen, und so den Prototyp einer Bindung erfand, mit der sich die Skier viel besser führen ließen. Damit war es dann auch nicht mehr weit bis zum Telemarkschwung. Heute ist Telemark zwar nicht für alpinen Skisport bekannt, dafür sind die Berge nicht steil genug, Skilangläufer aber kommen hier sicher auf ihre Kosten. Und im Sommer bieten die ausgedehnten Wälder ausgezeichnete Wandermöglichkeiten.

Mit dem Schiff durch die Wälder

Eine der schönen Möglichkeiten, die sommerliche Telemark mit Muße zu erkunden, ist eine Fahrt auf dem Telemarkkanal. Entweder als Kapitän auf eigenem Boot oder als Passagier einer der schwimmenden Oldtimer, die rund elf Stunden für die Tour benötigen. Der Telemarkkanal besteht zum Großteil aus natürlichen Gewässern, die mit zwei Kanälen verbunden wurden. Gerade diese Abschnitte machen den Reiz der 1892 eröffneten Wasserstraße aus, denn bei der Fahrt von Skien nach Dalen muss jedes Schiff durch insgesamt 18 Schleusen, um die gut 70 Meter Höhenunterschied zu überwinden.

Gebaut wurde die 105 Kilometer lange Wasserstraße, um der Industrie auf die Beine zu helfen. Besonders das Sägewerk in Ulefoss profitierte vom Kanalbau, denn bis dahin verkeilten sich die geflößten Baumstämme oft genug in der Vrangfoss-Stromschnelle, die durch den Kanal entschärft wurde. Auf dem Abschnitt zwischen Skien und Nordsjø werden bis heute noch Baumstämme aus Telemarks Wäldern geflößt, weshalb hier die Schleusen modernisiert wurden. Wer den Blick gerne weiter zurück schweifen lassen möchte, kommt dann auf dem Bandak-Kanal auf seine Kosten, denn auf ihm wird schon lange nicht mehr geflößt, und deshalb hat sich nichts verändert. So werden die großen, hölzernen Tore der Schleusenkammern noch immer mit Hilfe einer ausgeklügelten Hebelkonstruktion von zwei Schleusenwärtern ohne viel Muskelkraft geöffnet und geschlossen.

01 *Mit Handbetrieb: Schleuse bei Vrangfoss*
02 *Unterwegs auf dem Telemarkkanal*
03 *Peer Gynts wilder Ritt über den Beseggen: Denkmal in Skien*
04 *Nostalgisch bis zum Hotelbus: Dalen Hotel*
05 *Grimsdalstunet: eine Stabburtür*

01 *Großartig: Heddals Stabkirche*
02 *Heute Museumsbergwerk: Kongens Gruve bei Kongsberg*

03 *Von vielen Wintern gezeichnet: Gehöft in Rysstad*
04 *Besuch in Rysstads Kirche*

04

05

SPECIAL Henrik Ibsen

Auf Ibsens Spuren

Henrik Ibsen (1828-1906) gilt als einer der größten norwegischen Dichter und Dramatiker, doch den Nobelpreis für Literatur hat der Schöpfer von Klassikern wie „Nora“, „Gespenster“, „Die Wildente“ und „Hedda Gabler“ nie erhalten.

In Grimstad war Ibsen Apothekergehilfe

Von Skien nach Oslo

Eine Reise auf Henrik Ibsens Spuren durch Norwegen beginnt am besten in Skien, dort, wo der große Dramatiker geboren wurde und einen Teil seiner Kindheit verlebt hat. In dem Südküstenstädtchen Grimstad verbrachte er dann einige Jahre als Apothekergehilfe und schrieb sein erstes Gedicht. In einem nahen Steinbruch finden oft Aufführungen seiner Stücke statt. In Oslo verbrachte Ibsen die letzten elf Jahre seines Lebens und schrieb seine beiden letzten Dramen. Sein Arbeitszimmer sieht noch genau so aus, wie er es verlassen hat. Sehr lohnend ist auch eine Fahrt über den Peer-Gynt-Veien westlich vom Gudbrandsdal. Auf der Freilichtbühne am See Gålåvatn wird regelmäßig Anfang August Ibsens Stück „Peer Gynt“ mit der Originalmusik von Edvard Grieg aufgeführt. Nicht nur für Ibsen-Fans ein krönender Abschluss ist dann die Wanderung über den Beseggengrat, den bekanntermaßen auch Ibsens Held Peer Gynt absolviert hat. Anlässlich seines 100. Todestages wurde 2006 das Ibsen-Jahr mit vielen Veranstaltungen gefeiert.

Heute ist der Kanal eine der größten Touristenattraktionen Telemarks, in erster Linie wegen der beiden historischen Schiffe, die sich jeden Tag auf den Weg durch den Kanal machen. Während sich die „Victoria“, eine elegante Dame des Jahrgangs 1882, morgens in Skien zur Abfahrt bereit macht, startet „Henrik Ibsen“, immerhin auch schon Jahrgang 1907, am anderen Ende in Dalen. Dem regen Interesse an den Fahrten ist es zu verdanken, dass dieses Industriedenkmal erhalten geblieben ist und diejenigen, die den Kanal zuschütten wollten, sich nicht durchgesetzt haben.

Viele alte Traditionen

Aus der Vogelperspektive wirkt das Setesdal wie eine mit dem Riesenbeil geschlagene Kerbe, die den südlichen Teil Norwegens in zwei Hälften teilt. Durch das Tal fließt die Otra, die mehrere lang gestreckte Seen bildet. Ausgedehnt, wie sie sind, und mit ihren hohen Felswänden zu beiden Seiten, wirken sie geradezu wie Fjorde. Gesäumt von Sandstränden, erfreuen sich Fluss und Seen bei schönem Wetter großer Beliebtheit. Nur wenige Straßen führen auf die Hochebenen zu beiden Seiten des Setesdal, wo noch eher wenig erschlossene Wandergebiete, zum Großteil oberhalb der Baumgrenze, engagierte Bergfreunde fordern. Lange war das Tal isoliert

05 *Schwindelfreiheit gefragt: Rabenschlucht nördlich Dalen*

01

02

03

04

„Wasserfälle, die wild schäumend die Berglehnen herabstürzen, als wären sie außer sich vor Freude darüber, dass das Eis geschmolzen ist.“

Liv Ullmann

und recht schwer zu erreichen. Auch heute ist es noch dünn besiedelt, denn die oft steilen Felswände lassen nur wenig Platz für Landwirtschaft. In den letzten Jahren hat allerdings der Tourismus auch dieses Tal entdeckt, Skifahrer, Kletterer, Kanufahrer und Wanderer zieht es nun auf die ganz andere Seite von Norwegens Süden. Doch blieb vieles von früher erhalten, besonders typisch sind die alten, im Blockhausstil errichteten Vorratshäuser, so genannte Stabbur. Oft haben sie schon Jahrhunderte auf dem Buckel, und die Baumstämme sind von Wind und Wetter gegerbt und rissig. Seit einiger Zeit besinnt man sich wieder auf diese uralte Art des Hausbaus, immer häufiger werden Ferienhäuser und Campinghütten als Blockhäuser errichtet. Bekannt ist das Tal auch für seine Silberschmiede, die ihre Arbeiten überall zum Verkauf anbieten. Wahrscheinlich kam das erste Silber schon früh aus Kongsberg ins Setesdal und wurde hier zu Schmuck für die Volkstracht verarbeitet.

Unwirtlich schön

Nur wer die Hardangervidda vollständig von Osten nach Westen oder von Norden nach Süden durchwandert – eine Tour, die bei durchschnittlicher Kondition rund eine Woche dauert –, bekommt einen realistischen Eindruck von der größten Hoch-

01 *Feuchtes Vergnügen: Rafting auf der Otra*
02 *In der Ferienlandschaft Telemark kann man auch mal abheben*
03 *Mit Hammer und Meißel auf Mineraliensafari: Evje Mineralsti*
04 *Abstieg belohnt: Vøringfoss bei Eidfjord*

01

02

03

Krækkja 26 km
Butikk 10 m
Blåisen 5 km
1222 10 m
Finsehytta 350m
Rallarmuseet 40 m
Geiterygghytta 16 km
Rallarvegen Haugastøl 27km
Rallarvegen Flåm 60km
Sykkel 1222
Galleri Finse
04

ebene Europas und gerät trotzdem meist ins Schwärmen. Die Hardangervidda ist ein gewaltiges, rund 9000 Quadratkilometer umfassendes Gebirgsplateau, das zum Großteil über der Baumgrenze liegt – menschenleer, steinig und mit unzähligen Seen durchsetzt. Was nicht bedeutet, dass die Hardangervidda eine unbelebte Einöde ist. Gut 500 Pflanzenarten wurden gezählt, 120 Vogelarten, und von den kleineren Säugetieren ist der Lemming wohl der beeindruckendste, der auch hier alle vier Jahre besonders zahlreich auftaucht.

Weil große Bäume und markante Berge fast vollständig fehlen, kann der Blick überall in die Ferne schweifen – wenn nicht gerade Nebel oder Schneestürme für Null-Sicht sorgen. Denn die Hardangervidda ist berüchtigt für ihr hartes Klima, in dem schon manche Expedition in winterlichem Eis, sommerlich sumpfigem Terrain oder beim Durchqueren von unzähligen Wildbächen den Ernstfall trainiert hat. Erstaunlicherweise fühlt sich unter diesen harten Bedingungen seit Jahren Norwegens größte wild lebende Rentierherde wohl. Wanderer bekommen die scheuen Tiere allerdings nur selten zu sehen.

Herrliche Erinnerungen

Die einzigen Verkehrswege durch diese Urlandschaft sind die Straße 7 und die Bergensbahn. Im Sommer zählt die Autofahrt über die Hochebene zwischen Geilo und Eidfjord zu den außergewöhnlichen Erlebnissen, im Winter ist die Straße allerdings monatelang durch meterhohen Schnee blockiert. Mit Schneestürmen und Schneeverwehungen hat auch die Bergensbahn seit ihrer Inbetriebnahme 1909 zu kämpfen. Denn trotz riesiger Schneefräsen ist schon so mancher Zug stecken geblieben. Besonders der Abschnitt um Norwegens höchsten Bahnhof Finse macht immer wieder von sich reden, trotz unzähliger Tunnel und Schneeschutzanlagen, zwischen denen die Landschaft während der Fahrt nur aufblitzt. Doch wenn der Blick für einige Minuten in Ruhe schweifen kann, zieht die karge Hardangervidda am Zugfenster wie eine Märchenlandschaft vorbei. Mit dem Hardangerjøkul als Höhepunkt, der wie ein umgestülpter Topf aus der Ebene herausragt, oder der Fahrt durch das Raundal hinunter nach Voss – eine wunderbare Gelegenheit, Norwegen in bester Erinnerung zu behalten.

01 *Auf dem Weg zum Gaustatoppen: Wanderer bei Rjukan*
02 *Warten auf den Winter: Schneefräse*
03 *Tief eingeschnitten: Setesdal bei Bykle*
04 *Nah und fern: Wegweiser in Finse*
05 *Auch im Sommer gibt es Schneefelder: Hardangervidda bei Finse*

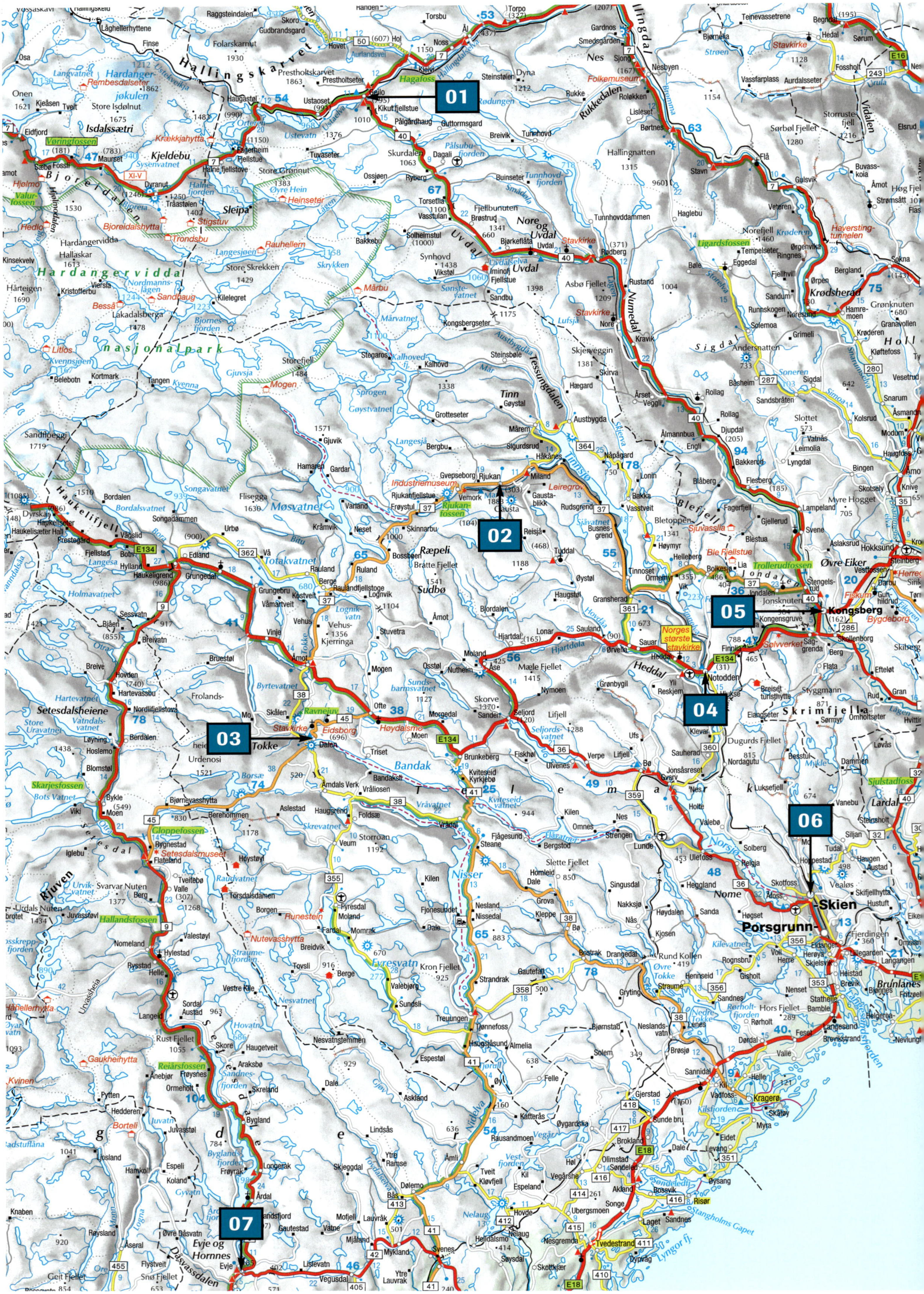

01
02
03
04
05
06
07
Hallingskarvet
Hardangervidda
nasjonalpark
Hardangerjøkulen
Bjoreidalen
Haukelifjell
Setesdalsheiene
Setesdal
Møsvatnet
Totakvatnet
Bandak
Nisser
Fyresvatn
Tinn
Rjukan
Gausta
Rjukanfossen
Industriemuseum
Numedal
Uvdal
Nore og Uvdal
Tessungdalen
Rukkedalen
Sigdal
Krødsherad
Kongsberg
Notodden
Heddal
Norges største stavkirke
Skien
Porsgrunn
Kragerø
Risør
Tvedestrand
Evje og Hornnes
Dåsvassdalen
Nome
Seljord
Kviteseid
Dalen
Tokke
Eidsborg
Vrådal
Treungen
Bø
Telemark
Skrimfjella
Geilo
Hagafoss
Vøringsfossen
Finse
Haukeligrend
Valle
Bykle
Hovden
Rauland
Åmot
Vinje
Sauland
Hjartdal
Lifjell
Blefjell
Flesberg
Rødberg
Dagali
Skurdalen
Haugastøl
Ustaoset
Eidfjord
Sleipa

Wälder und kahle Fjells

Die Hardangervidda ist eine riesige baumlose, karge Hochebene mit extremen Witterungsverhältnissen. In der Provinz Telemark herrschen dagegen waldbewachsene Hügel vor. Im Setesdal, das den südlichen Teil Norwegens praktisch in zwei Hälften spaltet, findet man von beidem etwas: Im Tal gleicht die Landschaft eher der Telemark, während die umliegenden Hochebenen oft jenseits der Baumgrenze liegen.

01 GEILO

Der Ort ist das nördliche Tor zur baumlosen Hochebene der Hardangervidda; von den rund 9000 km² ist ein Drittel als Nationalpark unter Schutz gestellt. Auf der Hardangervidda gibt es keine Straßen und Ansiedlungen, die einzige Infrastruktur besteht aus den etwa 1200 km Wanderwegen und 35 einfachen Berghütten, die von Den Norske Turistforening DNT unterhalten werden. Viele Moränen und Seen sind Erinnerungen an die landschaftsgestaltende letzte Eiszeit vor 10 000 Jahren.

UMGEBUNG Sehenswerte Stabkirchen stehen in **Torpo** (40 km östl.) und **Hol** (16 km nördl.). Norwegens bekanntester Wasserfall, der 182 m hohe **Vøringfoss,** befindet sich im Måbødal (80 km westl. nahe Eidfjord); zwei Aussichtspunkte bieten einen Blick von oben in die Schlucht, doch fast noch beeindruckender ist die rund halbstündige Wanderung zum Fuß des Wasserfalls.

AKTIVITÄTEN Der **Rallarveg** TOPZIEL wurde beim Bau der Bergensbahn von den Bahnarbeitern (Rallare) als Versorgungsweg genutzt. Das norwegische Jugendherbergswerk hat 80 km zwischen Haugastøl (1000 m; 21 km westl. Geilo) und Flåm als Fahrradweg hergerichtet; ein 43 km langes Zusatzstück führt von Upsete, westl. des Gravhalstunnels, nach Voss (außerhalb der Detailkarte, s. Karte S. 80). Am einfachsten ist es, in Haugastøl zu beginnen und in Richtung Flåm, das am Fjord liegt, zu radeln. Der Schotterweg erfordert zwar ein geländetaugliches Fahrrad, ist aber bis auf die langen Steigungen und einige steilere Abfahrten ansonsten nicht besonders schwierig (Fahrradverleih in Geilo, Haugastøl, Finse, Flåm und Voss). In **Finse** an der Strecke informiert das Rallarmuseum über den Bau der Bergensbahn (Juli–Sept. tgl. 10.00–22.00 Uhr, Jan-Juli Mo.-Fr.). Die Orte im Osten der Hardangervidda, **Gol, Ål** und **Geilo,** sind bekannte Skigebiete und bieten im Sommer vorzügliche Wandermöglichkeiten.

INFORMATION
Geilo Turistkontor, Einkaufszentrum an der Hauptstraße, N-3580 Geilo, Tel. 32 09 59 00, Fax 32 09 59 01, www.geilo.no

Das ›T‹ markiert Wanderwege im Gebirge

02 RJUKAN

Rjukan verdankt seine Existenz der „Norsk Hydro“ und seinem Wasserkraftwerk, einer Wasserstoff- und einer Chemiefabrik. Im Winter steht die Sonne monatelang so tief, dass kein Sonnenstrahl den Ort erreicht. Damit die Menschen nicht auf die Sonne verzichten mussten, hat „Norsk Hydro“ schon 1928 eine Seilbahn auf die Hochebene gebaut.

SEHENSWERT Die **Kabinenseilbahn** bringt Wanderer und Skiläufer auf knapp 900 m; von der Bergstation bietet sich ein guter Blick auf den Ort in dem engen Tal (Krossobahn, Tel. 35 09 00 27; Mitte Juni–Aug. tgl. 9.00–20.00 Uhr, sonst kürzer). Das **Industriearbeitermuseum Vemork** im alten Kraftwerk dokumentiert die Veränderungen Norwegens während der Industrialisierung und informiert über die 1965 verfilmte Sabotageaktion britisch-norwegischer Einheiten 1943, die damit den Export „Schweren Wassers“ zur Herstellung von Atombomben verhinderten (Mitte Juni–Mitte Aug. tgl. 10.00–18.00, sonst 10.00–16.00 Uhr).

UMGEBUNG Der symmetrische **Gaustatoppen** (1883 m) ist der beherrschende Berg. Vom Parkplatz bei Stavro erreicht man den Gipfel nach einer ca. zweistündigen leichten Wanderung. In der über 100 Jahre alten Steinhütte des DNT werden Erfrischungen serviert.

INFORMATION
Rjukan Turistkontor, Torget 2, N-3660 Rjukan, Tel. 35 08 05 50, Fax 35 08 15 75, www.visitrjukan.com

03 DALEN

Schmuckstück des kleinen Ferienortes am Ende des Telemarkkanals ist das „Dalen Hotel“ im Stil einer Stabkirche.

UMGEBUNG In **Grimdalstunet** (südl.) wurde die Bildhauerin Anne Grimdalen (1899 bis 1961) geboren, die an der Ausschmückung des Osloer Rathauses mitgewirkt hat; auf dem alten Telemarkhof sind einige ihrer Werke ausgestellt (Juni–Aug. tgl. 10.00–17.00 Uhr). Die kleine Stabkirche von **Eidsborg** (7 km nördl.) stammt vermutlich aus dem 13. Jh. Eine teilweise unbefestigte Parallelstraße zur Straße 38 führt zur **Ravnejuv,** der Rabenschlucht, die durch überhängende Felswand beeindruckt.

RESTAURANT Dalen Hotel, N-3886 Dalen, Tel. 35 07 90 00, Fax 35 07 70 11, www.dalenhotel.no. Der repräsentative, 1894 im so genannten Drachenstil errichtete Holzbau hat Ähnlichkeit mit einer Stabkirche und zählt zu den schönsten Hotels Norwegens – einen Kaffee auf der Terrasse sollte man sich schon gönnen.

INFORMATION
Dalen Turistkontor, N-3886 Dalen, Tel. 35 07 70 65, Fax 35 07 73 41, www.visitdalen.com

Tipp

Am Hardangerjøkul

Seit der Eröffnung der Bahnlinie von Oslo nach Bergen ist der Hardangerjøkul bei Wanderern ein beliebtes und leicht zu erreichendes Ziel. Wer in Finse aussteigt, erreicht nach einer rund zweistündigen Wanderung die Gletscherzunge des Blåisen, die ihren Namen „Blaueis“ durchaus zu Recht trägt. Nach diesem kurzen Ausflug zum Anwärmen kann man den Gletscher, der einige hundert Meter aus der Hochebene aufragt, auch komplett umrunden. Für diese Tour sollte man drei Tage veranschlagen, wobei dann jede Etappe zwischen sieben und acht Stunden lang ist. Unterwegs stehen zwei Hütten des Norwegischen Wandervereins, Rembesdalseter und Kjeldebu, zur Verfügung.

04 NOTODDEN

Die Stadt ist von einer langen Industriegeschichte geprägt. Ein Wasserkraftwerk machte den Anfang. Und so ist die betriebshistorische Sammlung von „Norsk Hydro" Grund, hier einen Zwischenstopp einzulegen.

SEHENSWERT Hydros Bedriftshistoriske samling dokumentiert die Entstehung des Konzerns ab Beginn der Industrialisierung (an der Straße E 134).

VERANSTALTUNG Anfang Aug. kommt beim **Bluesfest** richtig Leben in die Stadt (Info: www.bluesfest.no).

UMGEBUNG Die Stabkirche von **Heddal** **TOPZIEL** (5 km westl.) ist mit einer Länge von 24 m und einer Breite von 14 m die größte und bekannteste der 25 noch erhaltenen Stabkirchen Norwegens. Der dreischiffige Bau wurde im 12. Jh. begonnen und erhielt wohl 100 Jahre später seine heutige Form. Das fünfstöckige Dach und die Fassade sind mit Holzschindeln belegt, je nach Alter der letzten Teerung entweder honigfarben oder fast schwarz. Mehrere Türen sind mit Ranken- und Tierornamenten verziert, im Innern Rosenmalereien. Noch aus dem Mittelalter stammen der Bischofsstuhl mit Szenen aus der Sigurd-Sage und das Taufbecken. In der Scheune des Pfarrhofes gibt es eine kleine Ausstellung über die Stabkirche, und nicht weit entfernt liegt das Freilichtmuseum von Heddal mit einer Sammlung alter Häuser aus der Provinz Telemark (Heddalsvegen; Mitte Juni–Mitte Aug. tgl. 9.00–19.00, So. 13.00–19.00, sonst 10.00–17.00, Museum tgl. 10.00–17.00 Uhr). **Bø Sommarland,** ein Freizeitpark mit mehr als 20 Wasserangeboten, hat sich zu einer der größten Sehenswürdigkeiten Telemarks entwickelt (40 km südw.; www.sommarland.no; tgl. Mitte Juni–Mitte Aug.).

Schnitzdetail der Stabkirche von Heddal

INFORMATION
Notodden Turistkontor, Teatergata 3, N-3672 Notodden, Tel. 35 01 50 00, Fax 35 01 50 01, www.notodden.no/turist

05 KONGSBERG

1623 entdeckten einige Kinder, dass ein Ochse beim Scharren Silber freigelegt hatte. König Christian IV. holte sofort deutsche Bergleute, und ein Jahr später gründete er die Bergbaustadt „Koningsberg". Um 1770 erreichte der Silberbergbau seinen Höhepunkt, als 4000 Mann in rund 80 Schächten und Gruben arbeiteten. Die letzte Grube schloss 1957; heute ist die einzige Waffenfabrik Norwegens der wichtigste Arbeitgeber der Stadt.

SEHENSWERT Die 1761 geweihte **Kirche** ist mit Platz für 2000 Menschen Norwegens größte und am besten erhaltene Barockkirche; im Sommer finden Mi. um 20.00 Uhr Konzerte statt (Kirketorget). Beim Wasserfall befinden sich das **Bergwerksmuseum,** das alles Wissenswerte über die Silbergruben zeigt, und die **Königliche Münze** mit einer Münzsammlung und Informationen zur Prägung von Münzen; außerdem ist auf dem Gelände das **Skimuseum** untergebracht (Hyttegata 3; Mitte Mai–Mitte Aug. tgl. 10.00 bis 17.00, sonst 12.00–16.00 Uhr). Das **Lågdal Museum** zeigt eine große Sammlung von alten Bauernhäusern und Werkstätten aus dem Numedal (Tillischbakken 8; Mitte Juni–Mitte Aug. tgl. 11.00–17.00 Uhr).

RESTAURANT Peckels Resept, Peckelsgata 12, Tel. 32 73 25 25. Ein altes Grammophon und nostalgische Fotos an den blauen Wänden und gedämpftes Licht geben den Rahmen für die gute norwegische und internationale Küche.

UMGEBUNG Südl. liegt das **Museumsbergwerk Saggrenda;** mehrmals tgl. bringt der alte Grubenzug Besucher für einen 2,3 km langen Ausflug in die Kongens Gruve (Sølvgruvene i Saggrenda; Mitte Juni–Mitte Aug., erste Fahrt 10.30 Uhr).

INFORMATION
Kongsberg Turistkontor, Schwabesgate 2, N-3611 Kongsberg, Tel. 32 29 90 50, Fax 32 29 90 51, www.visitkongsberg.no

06 SKIEN

Skien ist seit jeher ein wichtiger Handels- und Industrieort mit einer großen Papierfabrik. Immer wieder haben Brände die Stadt verwüstet. Der letzte Brand wütete 1886, weshalb es auch nur noch wenige alte Häuser oberhalb des Zentrums gibt.

Tipp

Die Wiege des Skisports

In Morgedal, dem Heimatdorf des Skipioniers Sondre Norheim, hat man ihm ein lebensgroßes Denkmal gesetzt. Vor dem „Norsk Skieventyr", das seine Erfindungen würdigt und sehr anschaulich die 4000-jährige Geschichte des Skilaufens illustriert, steht er mit einem Paar Langlaufskiern in der Hand. Vor dem Skimuseum erinnert außerdem eine Flamme daran, dass hier das olympische Feuer für die Winterspiele 1952 in Oslo, 1960 in Squaw Valley und 1994 in Lillehammer entzündet wurde (Mitte Juni–Mitte Aug. tgl. 9.00 bis 19.00, sonst 11.00–16.00 Uhr).

SEHENSWERT Die **Kirche** (1894) aus roten Backsteinen beherrscht mit ihren beiden Türmen das Stadtbild von Skien. Sie beherbergt eine der größten Orgeln des Landes. Der **Brekkepark,** das Bezirksmuseum Telemarks, ist im Stil eines englischen Landschaftsgartens mit Teichen und Blumenbeeten angelegt. Mittelpunkt des Brekkepark-Museums sind ein alter Herrenhof mit verschiedenen Sammlungen und ein Freilichtmuseum mit alten Gebäuden aus der Provinz Telemark (Øvregata 41; Mitte Mai bis Ende Aug. tgl. 10.00–18.00 Uhr).

UMGEBUNG In **Venstøp** (4 km nördl.) wurde Henrik Ibsen geboren; das dortige Museum zeigt alles Wissenswerte über Ibsen, natürlich auch den dunklen Dachboden, der in seinem Stück „Die Wildente" eine wichtige Rolle spielt (Venstøphøgda 74; Mitte Mai bis Ende Aug. Mo. bis Fr. 10.00–18.00, Sa. und So. 11.00–18.00 Uhr). Die beiden Oldtimerschiffe „Victoria" und „Henrik Ibsen" fahren von Mitte Juni bis Mitte

Aug. im täglichen Wechsel auf dem **Telemarkkanal** TOPZIEL (Abfahrt in Dalen 8.30, in Skien 8.20 Uhr, in der Nebensaison weniger; Info: Telemarkreiser, Tel. 35 90 00 20, www. telemark reiser.no). Die Porzellanfabrik von **Porsgrund** kann nach Voranm. besichtigt werden; im Sommer Direktverkauf (Tel. 35 56 21 00 oder www. porsgrund.com; Führungen Mo.–Fr. 10.00, 11.00, 13.00, 14.00 und 15.00 Uhr).

INFORMATION

Skien Turistkontor, Nedre Hjellegata 18, N-3724 Skien, Tel. 35 90 55 20, Fax 35 90 55 30, www.grenland.no

07 EVJE

Evje ist das Zentrum des südl. Setesdal mit vielfältigen Einkaufs-, Übernachtungs- und Freizeitangeboten.

SEHENSWERT Im **Setesdal Mineralpark** sind viele farbenprächtige Mineralien und eine nachgebaute Grube zu besichtigen; außerdem werden Mineralien verkauft (Juli, Aug. tgl. 10.00 bis 18.00, sonst So. 10.00–17.00 Uhr).

AKTIVITÄTEN Mineraliensammler suchen die Pegmatitgruben Richtung Vikstøl nach seltenen Gestein ab (siehe Tipp). Einige Kilometer nördl. Evje bildet die Otra mehrere Stromschnellen, die sich gut fürs **Rafting** eignen; während der Sommersaison bietet „Troll Mountain“ tgl. dreistündige Touren an. Eine Kletterwand, ein Kanu- und Mountainbikeverleih und abendliche Elch- und Bibersafaris runden das Programm ab (Info: Tel. 37931177 oder www.troll-moun tain.no). Bei **Honnevje**, in der Nähe von Valle (100 km nördl.), bildet der Fluss direkt an der Straße 9 einen schönen Badeplatz mit mehreren flachen felsigen Becken.

UNTERKUNFT **Hovdenstøylen Hotell & Hyttetun,** N-4755 Hovden, Tel. 37 93 95 52, Fax 37 93 96 55, www.eminenthotels.no. Die modernen komfortablen Hütten und Hotelzimmer in Holzausstattung liegen unweit des Skigebietes in grandioser Hochgebirgslage. 42 Z., 26 Hütten.

UMGEBUNG 50 km nördl., in **Nomeland,** betreibt die Familie Bjørgum in einem alten Setesdalhof die Silberschmiede Sylvartun Sylvsmed. Der Betrieb ist für seinen hochwertigen handgearbeiteten Silberschmuck bekannt (Nomeland in Hylestad, Tel. 3796306; im Sommer Mo.–Sa. 10.00–18.00, So. 11.00–18.00 Uhr). In **Rygnestad** lohnt das Setesdalmuseum wegen seiner kulturhistorischen Sammlungen einen Besuch (9 km hinter Valle Abzweigung beim Hof Flateland; Mitte Juni–Ende Aug. tgl. 10.00–17.00 Uhr). Die Hütten- und Hotelsiedlung **Hovden** liegt schön oberhalb der Einmündung der Otra in das Hartevatnet. Sie ist das wichtigste Wintersport- und Bergsteigerzentrum des Tals und bildet den nördl. Abschluss des Setesdal. Das dortige "Hovden Badeland“ ist mit Wasserrutsche, Sauna und Solarium genau der richtige Ort für kalte, regnerische Tage (www.hovdenbadeland.no; außer Mai tgl. 11.00 bis 20.00 Uhr, im Winter kürzer). In den Hochmooren rund um Hovden haben die Wikinger höchstwahrscheinlich vor rund 1000 Jahren die Eisenverhüttung entwickelt. Im Hovden Jernvinnemuseum werden Besucher durch Licht-, Ton- und Raucheffekte in diese Zeit zurückversetzt (Mitte Juni–Mitte Aug. tgl. 11.00–17.00 Uhr).

INFORMATION

Evje Turistkontor, N-4735 Evje, Tel. 37 93 14 00, Fax 37 93 14 55, www.setesdal.com.

Hovden Turistkontor, an der Hauptstraße, N-4755 Hovden, Tel. 37 93 93 70, Fax 37 93 93 77, www.hovden.com

Tipp

Auf Mineraliensafari

In den Gemeinden Evje und Iveland gibt es mehr als 400 verlassene Gruben und Steinbrüche, in denen bis zum Zweiten Weltkrieg hauptsächlich Nickelerz gefördert wurde, aber auch viele schöne Mineralien zu finden sind. Der Evje Mineralsti ist ein geologisch-mineralogischer Wanderweg, der an mehreren stillgelegten Gruben vorbeiführt. Eine ideale Möglichkeit, um mit der ganzen Familie mit Hammer und Meißel auf Schatzsuche zu gehen. Besonders schöne Mineralien sind bei der ehem. Grube Landverk I zu finden (Infos: Evje Turistkontor oder am Beginn des Mineralsti).

Nicht versäumen!

AKTIV

Radeln über die Hochebene
Auf dem 80 km langen Rallarweg können geländeerprobte Radfahrer die Bergwelt der Hardangervidda intensiv genießen. Vom Haugastal (Fahrradverleih in Geilo) führt der Schotterweg zum Fjord nach Flåm.

TOPZIEL Siehe Nr. 01

AKTIV

Grenzenlose Fernsicht
Schon aus der Ferne bietet der 1883 Meter aufragende Gaustatoppen einen unvergesslichen Anblick. Wer seinen Gipfel erklimmt, überblickt bei schönem Wetter ein Areal von 50 000 km² – mehr als von jedem anderen Berg Norwegens.

Siehe Nr. 02

ERLEBEN

Nostalgische Nachtruhe
Das „Dalen Hotel“ in dem kleinen Ferienort Dalen am Ende des Telemarkkanals ist ein veritabler Holzpalast, Baujahr 1894. Drachenstil nennen die Norweger seine reichen Verzierungen, die an eine Stabkirche erinnern.

Siehe Nr. 03

KULTUR

Die Stabkirche von Heddal
Sie ist die größte und bekannteste der bis heute erhalten gebliebenen Stabkirchen und zieht dementsprechend viele Besucher an. Vor allem ihre pagodenartig übereinander angeordneten Dächer und die Schnitzereien sind sehenswert.

TOPZIEL Siehe Nr. 04

ERLEBEN

Oldtimer unterwegs
Auf dem Telemarkkanal fahren zwei Oldtimer-Schiffe gemächlich zwischen Dalen und Skyen hin und her. Dabei bleibt viel Zeit für Landschaftsgenuss, auch weil die Schleusen noch wie früher per Hand bedient werden.

TOPZIEL Siehe Nr. 06

KÄSESPEZIALITÄTEN

aus dem hohen Norden

Bei Norwegen denkt man eher an Fisch und Meeresfrüchte als an Käse. Dabei grasen auf den saftigen Weiden hoch über den Fjorden Kühe und Ziegen. Etwas Besonderes ist der Brunost, ein brauner Käse mit Karamellgeschmack.

BRUNOST – *Käse süß statt salzig*

Frankreich, Italien und auch die Schweiz sind bekannt für ihre einzigartigen Käsespezialitäten, die von jedem Gourmet in den höchsten Tönen gelobt werden. Klassiker wie Roquefort, Appenzeller oder Gorgonzola stehen stellvertretend für mehrere Tausend Käsesorten, die den Kenner immer wieder aufs Neue in Entzücken versetzen.

Doch auch im hohen Norden isst man Käse, gerne den Jarlsberg, einen Käse aus Kuhmilch mit nussgroßen Löchern, der an einen Emmentaler erinnert. Pikant, sahnig und doch mild fühlt sich der sieben Monate gereifte Norvegia auf der Zunge an. Ganz anders mundet dagegen der Snøfrisk, der Schneefrische, ein sahniger Frischkäse mit hohem Ziegenmilchanteil. Dies sind zwar alles Käsesorten „Made in Norway", doch bei aller Liebe zu dem Land im hohen Norden: Einmalig sind sie nicht.

Der Käse der Wikinger

Soll es etwas Besonderes und für Norwegen Typisches sein, muss man zum Brunost greifen, der in jedem Supermarkt in Blöcken von Ziegelsteingröße angeboten wird. Brunost bedeutet übersetzt „Brauner Käse", was das Aussehen dieses höchst ungewöhnlichen Käses sehr treffend beschreibt. Oft gibt es aber nicht nur einen braunen Käse, vielmehr hat man die Qual der Wahl zwischen mindestens einem halben Dutzend verschiedener Sorten. Da liegen Blöcke mit Etiketten wie Gudbrandsdalsost, Fløtemysost oder Ekte Geitost im Kühlregal und warten auf den ahnungslosen Käufer aus dem Süden. Jeder Norweger kennt natürlich die Unterschiede und weiß, dass ein Gudbrandsdalsost immer aus dem gleichnamigen Tal kommt, der Fløtemysost mit Sahne verfeinert wird und milder ist, der Ekte Geitost aus Ziegenmolke hergestellt wird.

Streng genommen ist „Brauner Käse" aus Norwegen allerdings gar kein Käse, denn er wird überwiegend aus Molke und nicht aus Rahm hergestellt. Zudem benötigt man kein Lab wie bei so gut wie allen anderen Hart- oder Schnittkäsearten. Für einen norwegischen Brunost wird Ziegen- oder Kuhmolke, die mit etwas Rahm verfeinert werden kann, erhitzt und unter ständigem Rühren langsam eingekocht. Nach einigen Stunden wird die Masse wegen des Karamellisierens des Milchzuckers braun und cremig. Unter ständigem Rühren lässt man die Karamellpaste nun abkühlen und füllt sie in Formen.

Braunen Käse haben schon die Wikinger auf ihren Entdeckungsfahrten und Eroberungszügen an Bord gehabt, und auch Petter Dass, der wichtigste norwegische Lyriker des 17. Jahrhunderts, hat ihn erwähnt. Doch der braune Käse, den damals die Wikinger verzehrt haben, war wohl eine ziemlich geschmacklose Angelegenheit, denn zu seiner Herstellung wurde nur Molke, die praktisch kein Fett enthält, verwendet. Die Sahne diente zu dieser Zeit ausschließlich zur Butterherstellung.

Mehr Geschmack mit Sahne

Anne Hov, eine junge Sennerin auf der Solbråsetra-Alm bei Gålå, war die Erste, die beim Kochen von Brunost Sahne zur Molke gegeben hat. Dies war im Jahr 1863 und galt im zu dieser Zeit von Armut geprägten Norwegen als pure Verschwendung. Doch das Ergebnis war so überzeugend, dass sich die Erfindung der Anne Hov schnell durchsetzte. Schließlich verfeinerte das Fett der Milch den Geschmack des Käses ungemein. Damit war der Brunost, so wie wir ihn heute kennen, erfunden. Dieser neue, gehalt- und geschmackvolle Käse hatte sogar Auswirkungen auf einen ganzen Wirtschaftszweig. Den norwegischen Milchbauern ging es nun viel besser, denn aus der Sahne Käse zu machen, brachte mehr Geld ein, als sie zur Butterherstellung zu verwenden.

Zwölf Millionen Kilogramm Brauner Käse werden heute jedes Jahr in Norwegen her-

Gammelost

Eine andere norwegische Käsespezialität ist der Gammelost, manchmal auch Gammalost oder Gamalost geschrieben, was soviel wie „alter Käse" bedeutet. So sieht er auch aus und riechen tut er sogar nach ganz altem Käse. Auch den Gammelost gab es schon zu Zeiten der Wikinger. Heute wird dieser Braunkäse in Norwegen allerdings nur noch in einem Betrieb in Vik hergestellt. Wegen seines äußerst scharfen Geschmacks und des unansehnlichen Äußeren ist er nur noch bei der älteren Generation beliebt. Damit diese traditionsreiche norwegische Käsespezialität nicht in Vergessenheit gerät, gibt es einen Gammelost-Klub mit immerhin rund 2000 Mitgliedern. Sie alle rühmen den Gammelost wegen seines geringen Fettgehalts als äußerst gesund und bekömmlich. Früher wurde der Käse von den Bauern selbst produziert, und der Reifeprozess dauerte vom Sommer bis Weihnachten. Das Ausgangsprodukt war Sauermilch, die zu Quark verarbeitet wurde. Der Quark musste dann in Leinen und Stroh eingeschlagen und in Holzkisten unter dem Bett gelagert werden, bis er richtig unansehnlich geworden war. Der industrielle Reifungsprozess dauert heute nur noch etwa zwei Wochen, doch das Produkt sieht immer noch wie ein ganz alter Käse aus.

DER POPULÄRE JARLSBERG ERINNERT AN EMMENTALER.

MILDAROMATISCHER KUHMILCHKÄSE

gestellt. Für viele Norweger ist Brunost aber nicht nur einfach ein Käse, nein, er genießt den Status eines nationalen Symbols, das zusammen mit Fjorden und Trollen als typisch norwegisch gilt. So ist es vielleicht auch verständlich, dass kein Norweger ins Ausland reist, ohne einen Kilovorrat seines Lieblingskäses in den Koffer zu packen.

Süße Käsespezialität

Was ist an diesem Käse so besonders? Es ist der Geschmack, der wohl jeden anfangs überrascht: Denn Brunost schmeckt süß und nach Karamell – und klebt am Gaumen! Man lässt ihn sich deshalb im wahrsten Sinne des Wortes auf der Zunge zergehen und versucht gleichzeitig, sich an den eigenwilligen Karamell-Geschmack zu gewöhnen, der so ganz und gar nicht die Erwartungen eines Käseliebhabers erfüllt. Beim Geschmack spielt der Anteil an Ziegenmolke eine wichtige Rolle, denn je höher er ist, desto schärfer reizt die braune Masse Gaumen und Zunge.

Dass die Norweger ihren Brunost lieben, daran besteht kein Zweifel. Besucher aus dem Süden tun sich dagegen mit dem ungewohnten Geschmackserlebnis etwas schwerer – vielleicht liegt es daran, dass sie ihn noch nicht gleich nach der Muttermilch vorgesetzt bekommen haben. Einige schlagen sich auf die Seite der Einheimischen, sind begeistert und nehmen fortan immer mindestens einen Kiloblock mit nach Hause. Andere – und das ist wohl die Mehrheit – werden mit dieser urnorwegischen Spezialität nicht richtig warm. Obwohl es genug Möglichkeiten gibt, sich an den Käse mit dem Karamellgeschmack zu gewöhnen. Denn auf jedem Frühstücksbuffet ist er zu finden, und auch die Waffel am Nachmittag wird oft mit einer Scheibe Brunost serviert. Kenner und Liebhaber greifen zum Käsehobel und schälen dünne Scheiben vom möglichst gut gekühlten Block und legen sie auf Flatbrød – ein extra dünnes Knäckebrot. Ein Klecks Marmelade obendrauf rundet das Geschmackserlebnis ab. Statt Flatbrød kann man auch eine Scheibe Mischbrot oder Waffeln als Grundlage nehmen.

Brunost von der Alm

Zwölf Millionen Kilogramm Brunost verspeisen die Norweger jedes Jahr. Fast die gesamte Produktion stammt aus modernen Großbetrieben. Doch auf der Solbrå-Alm am Südufer des Gålåsees wird der braune Käse im Sommer immer noch so wie zu Zeiten der Sennerin Anne Hov hergestellt. Im Juli und August sind Besucher willkommen, sie können zuschauen, wie aus Molke und Sahne in Handarbeit echter Brunost entsteht. Das fertige Produkt kann dann natürlich auch verkostet werden.

Verschiedene Brunost-Typen

Wer das erste Mal in einem norwegischen Supermarkt vor dem Kühlregal steht und nach einem Brunost sucht, kann unter mindestens einem halben Dutzend verschiedener Sorten wählen. In der Regel wird der süße braune Käse in Blöcken zu 500 oder 1000 Gramm angeboten. Der Klassiker und eindeutige Favorit vieler Norweger ist der

Gudbrandsdalen ist der Brunost-Klassiker

Gudbrandsdalsost G 35, der nach dem gleichnamigen Tal benannt ist und 35% Fett enthält. Hergestellt wird er aus Kuhmolke und 10% Ziegenmilch, sein Geschmack ist süßlich mit leicht armoatischer Note. In den anderen skandinavischen Ländern wird er unter dem Namen Gudbrandsdalen, in Deutschland als Norgold vertrieben.

Fløtemysost enthält nur Kuhmolke, der Anteile an Sahne zugesetzt werden, was zu einem Fettgehalt von 20% bis 33% führt. Seine Farbe ist heller als die des Gudbrandsdalsost, im Geschmack ist er deutlich milder. Mager Mysost enthält weniger als 10% Fett und kommt dem braunen Käse, den die Wikinger aufs Schiff mitnahmen, wahrscheinlich noch am nächsten.

Ekte Geitost wird aus Molke, Milch und Sahne von Ziegen hergestellt. Von allen bisher genannten Sorten besitzt er den kräftigsten Geschmack, der sogar leicht scharf sein kann. Lässt man die Molke kürzer kocheln, entsteht Prim, ein streichfähiger brauner Käse mit höherem Wassergehalt. Sein Fettgehalt liegt in der Regel unter 10%.

FJORDLINE
Der Preis für die schönste Zeit des Lebens
steht in keinem Katalog.
Entdecken Sie Norwegen, das Land der Lachse und der Fjorde. Das Paradies ist näher als Sie denken, denn Fjord Line bringt Sie vom Norden Dänemarks direkt hin – ganzjährig, mit einer erhöhten Abfahrtsfrequenz in der Hauptreisezeit.
An Bord wird Unterhaltung groß geschrieben: verschiedene Bars, ein Casino, ein Kino und Restaurants, die für jeden Geschmack das richtige Angebot bereit halten.
Sparangebot
ab 32 €
Hanstholm – Egersund
1 PKW inkl. 1-5 Personen
Bergen
Haugesund
Oslo
Stavanger
Egersund
Kristiansand
Hanstholm
København
Hamburg
Buchung und Reservierung auch über MVP travel | Postfach 1203 | D-18302 Ribnitz-Damgarten
Tel.: +49 3821 709 44 10 | Fax: +49 3821 709 44 11 | E-Mail: FjordLine@MVP-travel.eu
www.FjordLine.de

AQUAVIT

FEINER BRAND
durch große Fahrt

Der Name Aquavit – manchmal auch Akvavit geschrieben – leitet sich vom Lateinischen aqua vitae ab, was soviel wie Lebenswasser bedeutet. Besonders in Skandinavien und auch in Norddeutschland schätzt man dieses Lebenswasser. Die Basis bildet ein mehrfach destillierter, hochreiner und hochprozentiger Kartoffelbrand. Seinen typischen Geschmack verdankt er einem Kräuterdestillat, das immer Kümmel sowie einige andere Gewürze enthält. Die Zusammensetzung dieser Gewürzmischung hütet jede Firma wie ein kostbares Geheimnis, denn sie verleiht dem jeweiligen Aquavit die charakteristische Note. Meistens handelt es sich bei den zugesetzten Kräutern neben dem vorherrschenden Kümmel noch um Koriander, Fenchel, Zimt, Nelken und Dill. Nach dem Brennen muss das Gemisch aus Kräutern und Alkohol einige Zeit reifen, damit sich die Inhaltsstoffe verbinden, bevor der Aquavit durch die Zugabe von Wasser auf Trinkstärke verdünnt wird. In den Handel kommt er dann mit einem Mindestalkoholgehalt von 37,5 % vol.

Aquavit ist in ganz Skandinavien ein gern getrunkener Schnaps, doch nur die Norweger haben sich etwas Besonderes einfallen lassen: den Linie Aquavit. Aber wodurch unterscheidet sich der echte norwegische Linie von einem normalen Aquavit? Es ist die lange Reise, die ihn zwei Mal über den Äquator – die Linie – führt. Wer auf die ziemlich verrückte Idee gekommen ist, dass der gute Tropfen vor dem Trinken erst über die Weltmeere geschippert werden muss, darüber gibt es mehrere Geschichten, die alle von Vergesslichkeiten und Zufällen handeln, sich ansonsten aber ziemlich stark unterscheiden.

Sorgfältig werden die Fässer auf die große Fahrt vorbereitet.

Drei Legenden zum Ursprung

Zu Beginn des 19. Jahrhunderts besaß ein gewisser Jørgen Lysholm in Trondheim eine Aquavit-Destillerie, dies ist zumindest verbrieft. Doch alles Weitere könnte pures Seemannsgarn sein: Seine Mutter und sein Onkel sollen ein Segelschiff mit einigen Schnapsfässern auf die Reise nach Asien geschickt haben, in der Hoffnung, dort einen neuen Absatzmarkt für ihr hochprozentiges Getränk zu finden. Doch sie hatten Pech, der Aquavit ließ sich nicht verkaufen und so nahm der Kapitän die fünf Fässer wieder mit nach Hause.

„Jeden Monat gehen 1000 Eichenfässer auf eine viermonatige Reise zum Äquator."

Vielleicht verlief die erste Reise der Aquavitfässer aber auch so: Im Jahr 1805 beluden die Kaufleute Heinrich und Catharina Meincke ihr Schiff, die „Trondhjems Prøve" mit Stockfisch und allerlei anderen Waren, um sie nach Batavia im heutigen Indonesien zu verschiffen. Auch in dieser Geschichte ist wieder von fünf Aquavitfässern, die mit an Bord waren, die Rede. Und auch dieser Kapitän konnte die Fässer mit dem Aquavit nicht verkaufen, denn die Einheimischen vergnügten sich lieber mit Rum und Arak. Deshalb blieb dem Kapitän nichts anderes übrig, als die Fässer wieder mit nach Hause zu nehmen.

In einer weiteren Version der Erfindung des Linie Aquavit spielt der Schoner „Gymer" die Hauptrolle. Das Schiff soll eine Ladung Fässer von Norwegen nach Australien gebracht haben. Doch als es ankam, war der Auftraggeber gestorben, und so blieb dem Kapitän nichts anderes übrig, als

Lammragout mit Aquavit

Zutaten 800g Lammbrust, 750 ml Fleischbrühe, 1 Bund Suppengrün, 3 Knoblauchzehen, 1 Lorbeerblatt, 1 EL Kümmel, 2 cl Aquavit, 6 Zwiebeln, 2 EL Butter, 4 EL Crème Fraîche, Salz, Pfeffer, Zucker

Zubereitung Suppengrün putzen und klein schneiden, die Knoblauchzehen schälen und halbieren, zusammen mit dem Lorbeerblatt in die Brühe geben und langsam aufkochen. Danach den Sud rund 15 Minuten ziehen lassen. In der Zwischenzeit die Lammbrust in Streifen schneiden und den Kümmel in Aquavit einlegen. Nun das Fleisch in die Brühe geben und eine dreiviertel Stunde auf kleiner Flamme köcheln lassen. In der Zwischenzeit die Zwiebeln schälen und in feine Würfel schneiden. Das Fleisch aus der Brühe nehmen und diese durch ein Sieb passieren. Als Nächstes die Zwiebeln in der Butter glasig dünsten und mit rund einem Drittel der Brühe auffüllen, Kümmel dazugeben und mit Salz, Pfeffer und Zucker abschmecken. Zum Binden der Brühe die Crème Fraîche einrühren. Nun das Fleisch wieder zugeben und für weitere 20 Minuten garen. Danach das Lammragout in einer Schüssel anrichten. Nach dem Essen einen gut gekühlten Aquavit servieren.

den Aquavit wieder mit zurück nach Hause zu nehmen und dabei die „Linie" ein zweites Mal zu überqueren.

Goldgelb und fein durch die Reise

Welche dieser Geschichten wahr ist, lässt sich nicht klären. Doch bei den Auswirkungen der langen Seereise auf den Aquavit sind sich alle einig: Das Lebenswasser schmeckte plötzlich viel feiner als vor der Abreise. Die lange Lagerung in Eichenfässern, in denen zuvor Sherry transportiert worden war, sowie das ständige Schaukeln und die salzige Seeluft hatten den Aquavit goldgelb und mild werden lassen.
Auch wenn heute keine Segelschiffe mehr auf den Weltmeeren unterwegs sind, muss ein echter Linie Aquavit immer noch zwei

ZWEIMAL UM DEN ÄQUATOR MUSS JEDER LINIE AQUAVIT

Die Sorten

Malteserkreuz Aquavit ist ein deutscher Aquavit nach dänischem Rezept. Auch das Rezept für den **Bommerlunder** stammt ursprünglich aus einem Krog im dänischen Bommerlund nördlich von Flensburg. Ein Stück weiter nördlich liegt die Stadt Aalborg, die für ihren **Aalborg Aquavit** berühmt ist. Im Raum Kiel kennt jeder den **Kieler Sprotte Aquavit**, der ähnlich wie der norwegische **Linie Aquavit** vor dem Verkauf auf Reisen geht – jede Flasche fährt einmal durch die Kieler Förde. **Allasch** ist ein Kümmellikör, der sich von dem Ort Allaži in der Nähe der lettischen Hauptstadt Riga ableitet. 1830 wurde er von baltischen Kaufleuten aus Anlass der Messe in Leipzig eingeführt. Leipziger Destillen übernahmen die Produktion und machten ihn bald zu einer in der Region populären Spirituose. Im Gegensatz zum Aquavit ist der Allasch kein Schnaps, sondern wird als Digestif getrunken.

Mal den Äquator überqueren. So macht sich jeden Monat ein Schiff von Göteborg mit mehr als 1000 alten Eichenfässern an Deck auf eine viermonatige Reise. Via Hamburg, Savannah, Sydney, Singapur, Hongkong, Los Angelos, Miami und Rotterdam kehrt es schließlich zurück nach Schweden. Dort werden die Fässer auf die Bahn umgeladen und gelangen auf dem Landweg nach Norwegen.
Wieder zurück in Norwegen braucht der Inhalt der Sherry-Fässer nur noch auf 41,5% Alkoholgehalt eingestellt und auf Flaschen gezogen zu werden. Wer eine Flasche echten Linie Aquavit kauft, der findet auf der Rückseite des Etiketts alle wichtigen Informationen. Dort ist zu lesen, mit welchem Schiff und zu welcher Zeit der Inhalt der Flasche gereist ist. Echte Aquavit-Liebhaber schwören darauf, dass nur diese lange Seereise zum feinen Aroma führt. Versuche, die Bedingungen auf See zu simulieren, sind bisher angeblich noch alle fehlgeschlagen.
So können die Norweger wohl noch ein Weilchen an Geburtstagen und zu Weihnachten, am Nationalfeiertag und eigentlich zu allen festlichen Anlässen mit einem echten Linie Aquavit anstoßen. Dass es ein Linie sein muss, darüber ist man sich weitestgehend einig, nur über die Trinktemperatur des edlen Tropfens gibt es unterschiedliche Auffassungen. Die einen genießen ihn eiskalt aus langstieligen Gläsern, andere bevorzugen ihn bei Zimmertemperatur und behaupten, dass er nur so sein Aroma voll entfalten kann.

SPEKE

TROCKENFLEISCH UND *Mehlbrei mit Rømme*

Norwegens Küche ist einfach und deftig. Auch wenn in den letzten Jahren vor allem in den großen Städten immer mehr hervorragende Restaurants aufmachen, die auch italienische und französische Gerichte auf der Speisekarte haben, kann und will das norwegische Essen seine einfache Herkunft oft nicht verleugnen. Jahrhunderte lang war Norwegen ein armes Land am Rande Europas, man lebte hauptsächlich von Fisch und den wenigen Produkten, die der oft magere Boden und das harte Klima zuließen. Zwei urtypische norwegische Gerichte, die sich auch heute noch ganz unverfälscht zu ihren Wurzeln bekennen, sind Rømmegrøt und Spekemat. Rømmegrøt ist ein kalorienreicher Brei aus Mehl und saurer Sahne, während unter dem Begriff Spekemat getrocknetes und gesalzenes Fleisch zusammenfasst wird.

SPARGEL-SCHINKEN-RÖLLCHEN

Rømmegrøt ist wahrscheinlich die älteste warme Mahlzeit. Als Norwegen noch ein armes Land war, gab es tagein, tagaus als Hauptmahlzeit eine Grütze aus Wasser und grobem Mehl. Nur zu besonderen Anlässen nahm man statt Wasser saure Sahne (Rømme) und statt groben Mehls Feines. So ließ sich aus dem wenig schmackhaften Alltagsessen ein kalorienreiches, köstliches Festmahl zaubern. Verfeinert mit Zucker, Zimt und Rosinen wurde Rømmegrøt

Aus der Hauptmahlzeit der Armen wurde das norwegische Nationalgericht für Festtage und bäuerliche Hochzeitsfeiern.

zum norwegischen Nationalgericht. Kein Wunder, dass im Laufe der Zeit jede Region, ja fast jede Familie ihr ganz spezielles Rezept entwickelt hat. Traditionsbewusste Norweger kochen die Rømme, um ein Anbrennen zu verhindern, in einem großen Eisentopf und rühren solange Mehl

Spekemat

Ob im Supermarkt oder beim Fleischer, überall bekommt man in der Regel eine gute Auswahl an Spekemat.

Fenalår Lamm- oder Hammelkeule wird mit und ohne Knochen im Stück oder bereits in Scheiben angeboten.

Spekeskinke Getrockneter Schinken ist die beliebteste Form des Spekemat. Man bekommt ihn aus Lamm- oder Schweinefleisch, entweder als ganzen Schinken oder fertig aufgeschnitten in vielen verschiedenen Qualitäten und Zubereitungen.

Fårepølse Lammwurst ist eine typisch norwegische Spezialität, die aus Hackfleisch zubereitet wird. Neben Lamm- oder Hammelfleisch kann sie auch noch Rind-, Schweine- oder Ziegenfleisch enthalten.

Spekekjøtt Dies sind gesalzene und getrocknete Fleischstücke, vor allem von Ren und Elch. Auch Herz und Zunge werden zu Spekemat verarbeitet.

Ein Spekebrett der opulenten Sorte mit verschiedenen Schinken und Würsten

Morr, Mør oder Mårpølse sind urtypische norwegische Wurstspezialitäten, die in unzähligen Varianten vorkommen. Das Grundrezept besteht aus Hackfleisch von Lamm, Wild oder Schwein, Speck und Kräutern.

Svartpølser bedeutet schwarze Wurst, die dunkle Farbe entsteht durch die Zugabe von Blut. Als Zutaten enthält sie Fleisch von Lamm, Schwein, Rind oder Pferd. Svartpølser kommt in einigen Gegenden auch als Stabburpølse in den Handel.

Spekebrett Hier bekommt man auf einem Brett angerichtet eine bereits geschnittene Auswahl an Spekemat. Ideal zum Probieren!

SÜDLÄNDISCHE TAFEL MIT SPEKESKINKE

unter, bis sich das Butterfett absetzt und abgeschöpft werden kann. Das kann schon ein Weilchen dauern, deshalb ist Rømmegrøt auch keine Mahlzeit für die schnelle Küche. Nachdem man das Fett abgeschöpft hat, gibt man nochmals Mehl und Milch sowie eine Prise Salz hinzu.
Serviert wird der fertige Brei mit Zimt und Zucker – manchmal auch mit Rosinen – aber immer mit der zuvor abgeschöpften Butter. Manche nehmen statt Weizenmehl Gerstenmehl, andere Weizengrieß oder sogar Milchreis, das ändert aber nichts daran, dass Rømmegrøt kein Nachtisch sondern ein vollwertiges Mittagessen ist, das ungemein sättigt.

Bei jedem Festessen dabei

Besonders Hungrige essen den Brei zusammen mit Flatbrød, einem hauchdünnen Knäckebrot oder sogar mit Spekemat, also einer kräftigen Portion getrocknetem Fleisch. Auch leicht gesalzene Forelle passt gut zur Rømmegrøt.
Für Eilige gibt es mittlerweile im Supermarkt auch schon Rømmegrøt als Fertigmischung, die durchaus lecker schmeckt, aber mit der Tradition bricht, denn ursprünglich ist der kalorienreiche Brei ein Festessen, das vor allem zu Mittsommer, Erntedank und Silvester auf den Tisch kommt. In einigen Orten darf Rømmegrøt bei keiner Bauernhochzeit als Begrüßungsspeise fehlen, dann gehört es oft auch zum guten Ton, dass Besucher sie mitbringen.
Norwegenbesucher kommen aber nur erstaunlich selten in den Genuss des Nationalgerichts – es sei denn, sie greifen zur Fertigmischung im Supermarkt. In Restaurants ist Rømmegrøt nur relativ selten auf der Speisekarte zu finden. Gute Chancen hat man jedoch auf vielen Almhütten, was ja auch durchaus Sinn macht, denn nach einer anstrengenden Wanderung kann der Körper diese Kalorienbombe gut gebrauchen. Dazu trinkt man am besten einen Himbeer- oder Johannisbeersaft.
Spekemat – gesalzenes und getrocknetes Fleisch – hat wahrscheinlich eine ebenso lange Tradition wie die Rømmegrøt. „Å speke“ bedeutet im Norwegischen „trocknen“. Früher, als es noch keine Kühltruhen gab, war es schwierig, frisches Fleisch aufzubewahren. Deshalb wurden Schinken und Würste nach dem Schlachten gesalzen oder zusätzlich geräuchert und anschließend zum Trocknen in den Speicher gehängt. So hielt sich das Fleisch monatelang. Vor allem ganze Schinken und Hammelkeulen sowie verschiedenste Würste wurden nach der Herbstschlachtung im Speicher aufbewahrt und konnten dann ab Mai gegessen werden.

Idealer Proviant für die Reise

Bis heute ist gepökeltes oder getrocknetes Fleisch in Norwegen ein beliebtes Sommeressen. Vor allem unterwegs ist es praktisch, wer für ein paar Tage Urlaub auf der Hütte macht oder im Gebirge wandern geht, für den ist Spekemat der ideale Proviant. Zu Hause bildet es die Grundlage für ein vollwertiges Essen, wenn es zusammen mit Flatbrød, Sauerrahm und Rühreiern aufgetischt wird. Dazu passen hervorragend ein Bier und zum Abschluss ein Aquavit.

Rømmegrøt

Zutaten 0,5 l Rømme, ersatzweise Schmand oder Crème fraîche, 0,5 l Milch 150 g Weizenmehl, Eine Prise Salz, Zucker, Zimt, Rosinen

Zubereitung Die typisch norwegische Rømmegrøt ist ein einfaches, nahrhaftes Gericht. Da man in Deutschland keine Rømme zu kaufen bekommt, nimmt man stattdessen Schmand oder Crème fraîche mit möglichst hohem Fettgehalt. Als Erstes Crème fraîche oder Schmand in einen Topf geben und kurz aufkochen, dann auf kleinste Flamme stellen und unter ständigem Rühren die Hälfte des Mehls einrieseln lassen. Weiter rühren, bis das Fett austritt; dieses abschöpfen und aufbewahren. Wenn kein Fett mehr austritt, das restliche Mehl zugeben. Mit der Milch macht man die Rømmegrøt nun wieder so flüssig, bis sie die Konsistenz von Milchbrei annimmt. In tiefe Teller gießen und die Butter darüber geben. Mit Zucker, Zimt und Rosinen bestreuen und servieren. Velbekomme! Dazu trinkt man ein Glas Saft.

ANREISE

Auto: Die Strecke über den Großen Belt und den Øresund bringt weder preislich noch von der Länge Vorteile. Bei der Anfahrt durch Jütland sind es ab deutscher Grenze bis zu den Fährhäfen auf gut ausgebauten Straßen rund 350 km – für einen Urlaub an der norwegischen Südküste die beste Anreiseroute. Wer gleich nach Oslo und dann weiter in Richtung Norden möchte, nimmt entweder die Fähre von Kiel nach Oslo oder fährt vom Øresund nordwärts entlang der schwedischen Westküste – etwa 600 km auf der großteils autobahnähnlich ausgebauten E 6. Je nach Startpunkt in Deutschland kommen die Fähren der Vogelfluglinie über Puttgarden oder die von Rostock nach Trelleborg in Frage.

Bus: Nor-Way Bussekspress befährt mehrmals wöchentlich die Strecken Berlin–Göteborg–Oslo, Berlin–Lübeck–Oslo und Hamburg–Flensburg–Kristiansand–Stavanger (Info: NOR-WAY Bussekspress AS, Schweigaardsgate 8–10, 0185-Oslo, Buchungs-Tel. 81 54 44 44, Fax 22 00 16 31, www.nor-way.no). In Norwegen gibt es ein dichtes Busnetz.

Eisenbahn: Es gibt regelmäßige Verbindungen von Hamburg über Rødby, Kopenhagen, Göteborg nach Oslo. Fahrzeit von Kopenhagen nach Oslo ca. 8 Std. Möglich ist auch die Variante durch Dänemark via Århus und Frederikshavn nach Göteborg und Oslo. Für unbegrenzte Zugfahrten innerhalb Skandinaviens sollte man sich den Interrail Pass besorgen.

Flugzeug: Oslo-Gardermoen ist das Drehkreuz des internationalen Flugverkehrs von und nach Norwegen. Direkte Flüge nach Oslo gibt es unter anderem von Hamburg, Frankfurt/Main und Zürich. Über Kopenhagen kommt man auch aus vielen anderen deutschen Städten nach Oslo; besonders günstig fliegen Ryanair von Frankfurt/Main und Bremen sowie Norwegian von Berlin, Hamburg und München (www. norwegian.no). Direkte Auslandsverbindungen haben auch Sandefjord, Bergen und Stavanger; diese sind mit über 50 inländischen Flughäfen verbunden; innerhalb Norwegens fliegen die Fluggesellschaften SAS, Braathens, Norwegian und Widerøe.

Schiff: Die Color Line fährt in 19 Std. von Kiel nach Oslo – vom frühen Nachmittag bis zum nächsten Morgen. Von Dänemark nach Norwegen: Color Line bedient die Strecken Hirtshals–Kristiansand, Hirtshals–Larvik und Hirtshals–Stavanger–Bergen (www.colorline.de), Fjordline die Strecke Hanstholm–Egersund–Bergen (www.fjordlines.de) und Stena Line Frederikshavn–Oslo und Frederikshavn–Göteborg (www.stenaline.de), Masterferries Hanstholm–Kristiansand (www.masterferries.com).

Tipp

Zum Weiterlesen

Als Jostein Gaarder 1991 „Sofies Welt" veröffentlichte, waren noch alle vom Erfolg seiner Philosophiegeschichte in Romanform überrascht. Seitdem sind es längst nicht mehr die Klassiker wie Ibsen, Hamsun oder Undset, die außerhalb Norwegens gelesen werden. Als Kinder- und Jugendbuchautoren haben sich Tormod Haugen oder Torill Thorstad Hauger in die Herzen der jungen Leser geschrieben. Mitte der 1970er-Jahre machte Jon Michelet den politischen Kriminalroman in Norwegen bekannt; sein Osloer Kommissar Vilhelm Thygesen kämpft gegen politische und Wirtschaftskriminalität. Kjartan Fløgstads Werke aus der gleichen Zeit ähneln amerikanischen Detektivromanen. Die Osloerin Anne Holt ist nicht nur höchst erfolgreiche Krimiautorin, sie ist auch Rechtsanwältin und war Justizministerin; in „Das achte Gebot" erzählt sie von einem Mann, der tatenlos der Enthauptung seiner eigenen Frau beigewohnt haben will. Wer Fantasyromane schätzt, sollte Åge Bringsværd, der mittlerweile 100 Bücher veröffentlicht hat, probieren. Karin Fossum ist ein weiteres Highlight der modernen norwegischen Literatur, schnörkellos realistisch und dabei spannend bis zur letzten Seite; in „Evas Auge" lässt sie eine junge Frau in den Strudel eines Verbrechens geraten, bei dem sie aus Neugier Zeugin wurde.

In der Mittsommersonne leuchten Norwegens Farben besonders schön: Rosendal am Hardangerfjord

ARZT UND APOTHEKE

Apotheken haben zu den normalen Geschäftszeiten geöffnet; einige bieten einen Notdienst. Norwegische Apotheken dürfen auf ausländische Rezepte keine Medikamente abgeben; falls ein Medikament ausgeht, muss man deshalb zum Arzt. Für den **Arztbesuch** gilt die europäische Krankenkassenkarte; eine private Reisekrankenversicherung ist dennoch empfehlenswert. Der ärztliche Notdienst heißt „legevakt".

AUSKUNFT

Überregional: Zentrale Informationsstelle ist Innovation Norway (www.visitnorway.de). Postadresse: Postfach 11 33 17, 20433 Hamburg. Broschüren können auf der Internetseite als PDF herunter geladen werden.

Regional: Fast jeder Ort besitzt eine Touristeninformation (Turistkontor), in kleinen Orten nur während der Sommermonate, in größeren das ganze Jahr über geöffnet. Anfragen zu bestimmten Regionen nehmen regionale Fremdenverkehrsämter entgegen (kein Publikumsverkehr).

Oslo und Oslofjordgebiet: Visit Oslo, Fritjof Nansens Plass 5, N-0160 Oslo, Tel. 81 53 05 55, www.visitoslo.com. Akershus Reiselivsråd, Gardermoen, N-2060 Gardermoen, Tel. 64 82 22 99, www.akershus.com.

Ostnorwegen: Lillehammer Turist, P.O. Box 44, N-2609 Lillehammer, Tel. 61 28 98 00, www.lillehammerturist.no.

Südnorwegen: Telemarkreiser, P.O. Box 3133, N-3707 Skien, Tel. 35 90 00 20, www.visittelemark.com. Kristiansand Turistkontor, Rådhusgt. 6, N-4610 Kristiansand, Tel. 38 12 13 14, www.regionkristiansand.no.

Fjordnorwegen: Hed-mark Reiseliv, Grønegt 11, N-2317 Hamar, Tel. 62 55 33 20, www.villmarksriket.com. Fjord Norway, Lodin Lepopsgate 2B, N-5003 Bergen, www.fjordnorway.com. Region Stavanger, Domkirkeplassen 3, N-4006 Stavanger, Tel. 51 85 92 00, www.regionstavanger.com. Trøndelag Reiseliv, P.O. Box 65, N-7400 Trondheim, Tel. 73 84 34 40.

Botschaft: Deutsche Botschaft, Oscarsgate 45, N-0244 Oslo, Tel. 00 47/23 27 54 00, Fax 00 47/22 44 76 72.

AUTOFAHREN

Die meisten Straßen sind in einem guten Zustand, der Anteil der Schotterstrecken wird von Jahr zu Jahr geringer. Viele Strecken sind allerdings sehr kurvig, was sich auf die Durchschnittsgeschwindigkeit und die Länge der Tagesetappen auswirkt. Einige wenige Autobahnabschnitte gibt es in der Nähe von Oslo. Nur auf einigen Schnellstraßen beträgt die **Höchstgeschwindigkeit** 90 km/h, sonst sind außerhalb geschlossener Ortschaften nur 80 km/h erlaubt. Gespanne mit ungebremstem Anhänger dürfen nur 60 km/h fahren. Innerhalb von Ortschaften gilt Tempo 50, in Wohngebieten meist Tempo 30. In Norwegen muss auch tagsüber mit **Abblendlicht** gefahren werden. Es gilt auf allen Sitzen Anschnallpflicht. Strafen für Verkehrsverstöße, dazu zählen auch geringfügige Geschwindigkeitssünden, sind um ein Vielfaches höher als in Deutschland. Bei Überschreitung der **Promillegrenze** von 0.2 drohen auch ausländischen Fahrern Führerscheinentzug und Gefängnis. Bei **Pannen** hilft der NAF (Norges Automobil Forbund, Tel. 0 85 05) rund um die Uhr; auf den Gebirgspässen und Hauptverkehrsrouten fährt der NAF von Mitte Juni bis Mitte August Patrouille. Hilfe bekommt man auch von Viking Redningstjeneste (Tel. 0 60 00) oder Falken Redningskorps (Tel. 0 22 22). Viele Passstraßen sind im Winter bis in den Mai gesperrt. Einige Schnellstraßen, Tunnel und Brücken sind **mautpflichtig**, ebenso die Fahrt in die Innenstädte von Oslo, Bergen und Stavanger. In allen Städten ist Parkraum knapp, das Parken nicht gerade billig und die Strafen für Falschparken hoch.

ESSEN UND TRINKEN

Das Preisniveau in den Supermärkten ist höher als in Deutschland. Im Sommer werden frisches Obst und Gemüse, besonders die von den Norwegern sehnlichst erwarteten Erdbeeren, an Straßenständen verkauft. In den großen Städten hat sich die Restaurantszene sehr positiv entwickelt. Entweder wird italienisch-französisch beeinflusste Küche serviert, oder es kommt typisch Norwegisches auf den Tisch. Fisch, in vielen Varianten angeboten, ist immer eine gute Wahl, egal ob Lachs, Kabeljau, Hering, Scholle oder Steinbutt.
Relativ preisgünstig kann man tagsüber in einer der zahlreichen **Kafeterien** essen; oft ist ein **Dagens Rett** oder **Dagens Lunch** im Angebot, wobei meistens Fleisch, Kartoffeln und Gemüsebeilage serviert werden. Beliebt sind auch Spaghetti bolognese. Typisch norwegisch und äußerst empfehlenswert ist ein **Koldtbord**, ein kaltes Büffet, das am Morgen, mittags oder auch abends angeboten wird – mit Fischspezialitäten, Salaten, kalten Fleischgerichten, Brot, Aufschnitt und verschiedenen Desserts; jeder kann essen, so viel er will und kann, es wird in der Regel reichlich nachgelegt. Eine typisch norwegische Spezialität ist die Blutwurst, mit Zucker und Butter serviert. Nicht wegzudenken von der Speisekarte sind **Kjøttpudding** und **Kjøttkaker**, zwei Variationen aus Hackfleisch, ähnlich unseren Frikadellen oder Bouletten. Neben Schweine- und Rindfleisch kommt auch schon mal **Elg** oder **Reinsdyr** auf

Daten und Fakten

Landschaft: Mit knapp 324000 km2 Fläche ist Norwegen der fünftgrößte Staat Europas. Es ist ein gebirgiges Land, die Hälfte liegt höher als 500 m, ein Viertel sogar über 1000 m und damit bereits oberhalb der Baumgrenze. Das Landschaftsbild von Süd-, Mittel- und Westnorwegen, in diesem HB Bildatlas behandelt, ist äußerst vielfältig. Ausgedehnte Waldgebiete und weite Täler kommen ebenso vor wie karge Hochebenen, hochalpine Gebirgsregionen und vergletscherte Gebiete. Mit dem Galdhøpiggen (2469 m) besitzt Norwegen den höchsten Berg Skandinaviens. Das markante Skanden-Gebirge, das Norwegen in Nord-Süd-Richtung durchzieht, ist eine Wetter- scheide, es unterteilt das Land in einen maritim geprägten Westteil und einen kontinental geprägten Ostteil.
Westnorwegen zeichnet sich durch mächtige Fjorde aus, die bis zu 200 km ins Landesinnere reichen, in dem mit Hardangervidda, Jotunheimen, Dovrefjell und Rondane die höchsten Gebirge zu finden sind, alle als Nationalparks ausgewiesen. Die großen Täler Setesdal, Numedal, Hallingdal, Valdres, Gudbrandsdal und Østerdal trennen die einzelnen Gebirgsmassive und verlaufen fast alle in Nord-Süd-Richtung.
Landwirtschaftlich genutzt werden nur rund 3% der Fläche, hauptsächlich im Flachland um den Oslofjord bis zum Mjøsasee und in der Ebene von Jæren südlich von Stavanger.

Verwaltung: Norwegen ist eine konstitutionelle Monarchie – die oberste Autorität liegt formell beim König, zurzeit regiert Harald V. –, die politische Macht liegt jedoch beim Parlament, dem Storting, das alle vier Jahre gewählt wird. Das Storting wird vom Stortingspräsidenten geleitet, der Regierungschef wird „Statsminister“ genannt.
Das Land gliedert sich in 19 Fylker, die in etwa den deutschen Bundesländern entsprechen, aufgrund ihrer andersartigen Zuständigkeiten aber nicht ganz vergleichbar sind. Die Fylker und die über 400 Gemeinden besitzen ein umfassendes Selbstbestimmungsrecht.

Bevölkerung: Bei rund 4,5 Mio. Norwegern und 13 Einw./km2 besitzt das Land eine der geringsten Bevölkerungsdichten in Europa. Allerdings verteilen sich die Ansiedlungen recht ungleichmäßig: Rund 80% der Norweger leben in Küstennähe und in erster Linie im Süden und Westen des Landes, mehr als 20% im Ballungsraum um die Hauptstadt Oslo. Die drei großen Provinzen Nordnorwegens tragen dagegen gerade mal 10% zur Bevölkerung bei. Der Ausländeranteil ist zwar in den letzten Jahren auf 4% gestiegen, zählt aber immer noch zu den niedrigsten in Europa. Ausländer haben es auch in Norwegen nicht leicht, besonders Afrikaner und Asiaten werden mehr geduldet, als mit offenen Armen empfangen.

Wirtschaft: Norwegen zählt heute zu den reichsten Ländern der Welt – noch zu Beginn des 20. Jh. war das Land bettelarm. Gegenwärtig liegt die Erwerbstätigenquote in Norwegen deutlich höher und die Arbeitslosigkeit niedriger als in großen Teilen Europas. Im Inland nahm die Zahl der Beschäftigten zwischen 1993 und 2001 um mehr als 260000 Personen zu, während die Arbeitslosigkeit im gleichen Zeitraum um ca. 3% zurückging. Dieses starke Wachstum ist in erster Linie dem Erdöl und Erdgas zu verdanken, das im norwegischen Festlandsockel steckt. So hat sich 1980–2000 die Offshore-Erdölförderung mehr als vervierfacht und Norwegen zu einem der größten Erdölexporteure der Welt gemacht. Energieintensive Wirtschaftszweige wie Metallerzeugung, Produktion chemischer Rohstoffe und Holzverarbeitung machen einen erheblichen Teil der auf Export ausgerichteten Industrieunternehmen aus. Hinzu kommt der Bau von Schiffen und Offshore-Plattformen. In jüngerer Vergangenheit hat auch die Herstellung elektrischer und elektronischer Artikel an Bedeutung gewonnen. Eine weitere, relativ junge Ausfuhrbranche ist die Aquakultur, die sich in den letzten 15–20 Jahren stark entwickelt hat. Da die Ölreserven wohl noch mindestens 20 Jahre reichen werden – fast den gesamten Strombedarf liefern die Wasserkraftwerke –, wird es dem Land auch in Zukunft gut gehen. Alle Auslandsschulden sind bezahlt, und ein üppiger Krisenfonds von einigen hundert Milliarden Kronen wurde eingerichtet. Da fällt es auch kaum ins Gewicht, dass die Landwirtschaft – auch mit Blick auf die Landschaftspflege – subventioniert wird und die Fischerei wegen jahrelangen Raubbaus an den Beständen kränkelt.

Geschichte

9000 v. Chr. Erste Ansiedlungen nach dem Ende der Eiszeit.

4000–1500 v. Chr. Erste Anzeichen von Ackerbau und Viehhaltung.

1500–500 v. Chr. Die Bronze gelangte nach Skandinavien und verdrängte Werkzeuge aus Stein, Knochen und Holz. Helleristninger, mühsam in den Fels geritzte Bilder, entstanden.

500 v. Chr.–800 n. Chr. Die Menschen im Norden lernten die Eisenverhüttung. Außerdem konnten die Böden effektiver bewirtschaftet werden, was zu einem Bevölkerungswachstum führte.

750–1066 Wikingerzeit. Mit ihren Langschiffen trieben sie Handel und eroberten die Welt. Aus den Handelsplätzen entstanden erste Städte; wichtigstes Zentrum war Haithabu in der Nähe von Schleswig. Harald Hårfagre (Schönhaar) gelang es 872 Norwegen zu einem Reich zu vereinigen. 1066 wurde König Harald Hardråde (Harald der Strenge) in England von dem normannischen Wilhelm dem Eroberer geschlagen, was das Ende der Wikingerzeit bedeutete.

995 Olav Tryggvason christianisierte das Land. Die Einführung des Christentums erstreckte sich wahrscheinlich über 200 Jahre.

1030 Olav Haraldsson fiel in der Schlacht von Stiklestad. Er wurde im Nidarosdom von Trondheim begraben und fortan als Olav der Heilige verehrt.

1130 Beginn des norwegischen Hochmittelalters, die Kirche konsolidierte sich weiter, die Bevölkerungszahl stieg an, Städte wurden gebaut. Nun konnte man Norwegen als geeintes Königreich bezeichnen. Im Mittelalter lebten in Norwegen ungefähr 400 000 Menschen.

1200–1400 Während der Blütezeit des Stabkirchenbaus entstanden rund 1000 Gotteshäuser, zur Zeit der Reformation gab es noch 750. Heute stehen nur noch 25 Stabkirchen und einige wenige in Freilichtmuseen.

1350 Die Pest kam mit einem Schiff nach Bergen. Etwa die Hälfte der Bevölkerung starb an der Epidemie.

1397 Die Dänenkönigin Margarete vereinte die nordischen Länder in der Kalmarer Union.

1450–1814 Zwischen Dänemark und Norwegen wurde ein Unionsvertrag geschlossen, wobei die Partner relativ gleichberechtigt sein sollten. 1536 war Norwegen vollständig von Dänemark abhängig, der Reichsrat wurde aufgelöst, die Kirche verlor ihre Selbstständigkeit.

1814 Dänemark trat Norwegen an Schweden ab, damit endeten 434 Jahre Union. Einberufung einer Verfassung gebenden Versammlung in Eidsvoll nördlich Oslos, wo am 17. Mai eine Verfassung verabschiedet wurde; der 17. Mai ist deshalb heute Nationalfeiertag. Christian Frederik wurde zum norwegischen König gewählt, dankte aber noch im selben Jahr ab.

1814–1905 Trotz fortdauernder Union mit Schweden behielt Norwegen ein eigenständiges Parlament und eine gewisse Autonomie.

1905 Auflösung der Union. Norwegen wurde selbstständiges Königreich.

1940 Einmarsch deutscher Truppen. Vidkun Quisling wurde ungeliebter Ministerpräsident, König Håkon VII. bildete eine Exilregierung in London.

1945 Ende der Besetzung Norwegens. Der Norden des Landes war zum Großteil zerstört, über 10 000 Tote waren zu beklagen. Quisling wurde wegen Hochverrats in der Festung Akershus hingerichtet. Norwegen trat der UNO bei.

1949 Norwegen trat der NATO bei.

1959 Norwegen war Gründungsmitglied der Europäischen Freihandelszone EFTA.

1969 Entdeckung großer Gas- und Ölfelder in der Nordsee. In den Folgejahren machten die Einnahmen aus dem Ölgeschäft bis zu 20% des Bruttoinlandsproduktes aus.

1972 Bei der ersten Volksabstimmung über einen EG-Beitritt stimmten 53,5% der Norweger dagegen. 1994 erneuter Volksentscheid; diesmal stimmten 52,3% gegen den EU-Beitritt.

1991 Nach dem Tod des äußerst volkstümlichen Königs Olav V. wurde Harald V. zum König gekrönt.

2004 Das Kronprinzenpaar Haakon und Mette-Marit, seit 2001 verheiratet, bekam am 21.1. eine Tochter, Ingrid Alexandra, und ...

2005 ... einen Sohn: Sverre Magnus.

2007 Königin Sonja feierte am 4. Juli ihren 70. Geburtstag.

2008 Stavanger Europäische Kulturhauptstadt

den Tisch. Neben gebratenem, gedünstetem, gegrilltem oder geräuchertem Lachs sollte man auch **Gravet Laks**, roh mit Pfeffer, Salz und Dill für 24 Stunden eingelegt, probieren. Ein billiges und sehr beliebtes Essen sind **Fiskeboller, Fiskepudding** und **Fiskekaker**, meist mit Kartoffelmehl gebundene Fischbouletten. Nur Norwegenenthusiasten oder wirkliche Feinschmecker finden dagegen Gefallen an **Lutefisk** und **Rakørret**. Lutefisk ist Stockfisch, einige Tage in einer Lauge und dann noch in Wasser renaturiert. Rakørret ist vergorene, gesalzene Forelle, die vor dem Verzehr einige Monate „reift". Schwarzbrot oder Vollkornbrot hat den Weg nach Norden immer noch nicht gefunden, stattdessen gibt es **Loff**, ein Weißbrot, oder **Kneippbrød**, das typische helle Mischbrot. **Flatbrød** ist die hauchdünne Variante des Knäckebrots; einst nur einmal im Jahr gebacken und dann im Vorratsspeicher gelagert, hat es nichts von seiner Beliebtheit eingebüßt. Als Brotersatz oder zur Abwechslung bleiben dann noch **Lefser** und **Lumper**, weiche Fladen aus Kartoffelmehl.
Bei den Getränken spielt **Kaffee** die größte Rolle: Selbst um Mitternacht, immer steht die Kaffeekanne auf dem Tisch. Außer Kaffee trinken die Norweger sehr gerne Milch in allen Variationen. **H-Melk** ist Vollmilch, **Lett Melk** die fettarme Variante, **Kulturmelk** ähnelt Buttermilch, **Skummet Kulturmelk** ist fettarme Buttermilch. Außerdem führen Supermärkte noch verschiedene Sauermilchtypen wie **Cultura** und **Kefir**. Wein und Spirituosen kann man nur in den staatlichen Vinmonopolet-Läden kaufen, die es meist nur in größeren Städten gibt. Das Mindestalter zum Kauf von Bier und Wein beträgt 18, für Spirituosen 20 Jahre. Hotels und Restaurants haben häufig eine Schankerlaubnis. Bier ist fast überall in Supermärkten erhältlich. Alkoholische Getränke sind generell erheblich teurer als in Deutschland.

FEIERTAGE, LANDESFERIEN

Feiertage: 1. Januar (Neujahr), Palmsonntag, Gründonnerstag, Karfreitag, Ostersonntag, Ostermontag, 1. Mai (Tag der Arbeit), 17. Mai (Nationalfeiertag), Christi Himmelfahrt, Pfingstsonntag, Pfingstmontag, 25. und 26. Dezember (1. und 2. Weihnachtstag).
Landesferien: Die Schulferien beginnen in der Regel in der letzten Juniwoche und dauern bis Mitte August. Allgemeine Betriebsferien sind in

den drei letzten Juliwochen. Die Herbstferien liegen zwischen der 40. und 42. Kalenderwoche.

GELD

Die Währungseinheit, die Norwegische Krone (NOK), besteht aus 100 Øre. Die Nutzung von Kreditkarten ist sehr verbreitet. Mit der EC-Karte bekommt man an den meisten Automaten Geld.

GESCHÄFTSZEITEN

Die Ladenöffnungszeiten werden recht flexibel gehandhabt. Läden haben in der Regel Mo.–Fr. 10.00–16.00 oder 18.00 und Sa. bis 13.00 oder 14.00 geöffnet. Do. schließen viele Läden erst um 20.00 Uhr, die großen Supermärkte haben häufig Mo.–Sa. bis 20.00 Uhr geöffnet, einige sonntags.

Tipp

Die Küste immer im Blick

Jeden Abend legt ein Schiff in Bergen ab und macht sich auf die Reise in den hohen Norden. 12 Tage, 70 Häfen und 5000 Seemeilen später ist es wieder zurück, um nach einigen Stunden Verschnaufpause erneut abzulegen. Seit mehr als 100 Jahren gibt es die Hurtigrute, und nur ganz selten haben es Polarnacht, Sturm, Eisgang, Nebel oder Kälte geschafft, eines der Postschiffe aus dem Rhythmus zu bringen. In jedem Hafen die gleiche Prozedur: Die Schiffssirene kündigt das Kommen an, der Kapitän manövriert das in den Traditionsfarben Schwarz-Rot-Weiß gestrichene Schiff an den Kai, die Passagiere gehen von Bord – einige sind nun zu Hause, andere nutzen den Aufenthalt für einen Landgang. Paletten mit unterschiedlichsten Gütern tauchen aus dem Schiffsrumpf auf, neue verschwinden in der Ladeluke. Die Schiffe der Hurtigrute erfüllen viele Aufgaben, sind Frachter, Kreuzfahrtschiff und Nahverkehrsmittel in einem. „Reichsstraße Nr. 1" nennen die Norweger ihre Route, die eine Besiedlung des Nordens vielfach erst möglich machte. Viele Passagiere loben die Fahrt von Bergen nach Kirkenes als schönste Seereise der Welt, weil die Schiffe immer in Küstennähe bleiben und sich durch enge Fjorde manövrieren – Bergen, Gletschern und unzähligen Inseln ganz nah. Mittlerweile ist die dritte Schiffsgeneration unterwegs, mit ihrem Luxus klassischen Kreuzfahrtschiffen schon ähnlich.

JEDERMANNSRECHT

Beim Jedermannsrecht handelt es sich um althergebrachte Verhaltensregeln, die in ganz Skandinavien gelten und den Umgang des Menschen mit der Natur festlegen und jedem Einzelnen ein großes Maß an Freiheit gewähren. Da die empfindliche Natur im hohen Norden nur eine gewisse Besucherzahl verträgt, gibt es mittlerweile Stimmen, das Jedermannsrecht zu beschneiden. Wichtigste Regel: keine Spur der Anwesenheit hinterlassen! Verboten ist es, vom 15. April bis 15. September Lagerfeuer zu machen, Abfall zu vergraben oder liegen zu lassen, außerhalb befestigter Wege zu fahren, Bäume zu fällen und eingezäunte Privatgrundstücke zu betreten.

Reisedaten Südnorwegen

Flug von Deutschland
Fast von allen größeren Flughäfen D, A, CH nach Oslo ab ca. 50 Euro (one-way)

Inlandsverkehr
Bus Oslo – Bergen ab 70 Euro

Reisepapiere
Personalausweis oder Reisepass

Devisen
1 € = 8,08 NOK

Mietwagen
ab ca. 80 Euro pro Tag (Kompaktklasse, unbegrenzte Kilometer)

Benzin
1 Liter Super ca. 1,50 Euro

Hotel
DZ / Frühstück: Mittelklasse ab ca. 70 Euro

Ferienwohnung
Campinghütten (einfach) ab 40 Euro pro Woche

Menü
3 Gänge pro Person ab 60 Euro

Einfaches Essen
Hauptgericht ab 10 Euro

Ortszeit
MEZ / MSZ

NOTRUF

Feuerwehr 110
Polizei 112
Krankenwagen 113

SPRACHE

In Norwegen spricht man zwei Sprachen: Bokmål und Nynorsk, das Wirtschafts- und Kulturleben und der Ballungsraum Oslo bevorzugen das Bokmål. Englisch wird von der Mehrzahl der Norweger gut gesprochen, einige haben auch durchaus gute Deutschkenntnisse.

TELEFON

Münzfernsprecher nehmen 1-, 5-, 10- und 20-Kronenstücke sowie Euromünzen. Telefonkarten gibt es nicht mehr. Die Kartentelefone nehmen häufig auch die gängigen Kreditkarten. Die Vorwahl nach Deutschland lautet 00 49, nach Österreich 00 43 und in die Schweiz 00 41. Für Telefongespräche nach Norwegen wählt man 00 47 und dann die achtstellige Teilnehmernummer. Innerhalb Norwegens wählt man immer diese achtstellige Nummer, die Vorwahl ist integriert.

UNTERKUNFT

Bed and Breakfast: Die Vermittlung erfolgt in der Regel durch die örtlichen Turistkontore; viele Vermieter von Privatzimmern hängen aber auch Schilder mit der Aufschrift „Rum" oder „Husrom" an die Straße. Weitere Informationen

Frachter, Kreuzfahrtschiff und Nahverkehrsmittel sind die Schiffe der Hurtigrute

auch über: Bed & Breakfast Norway, Østbyfaret 9D, N0690 Oslo, Tel. 99 23 77 99, Fax 94 76 38 33, www.bbnorway.com.

Camping: In Norwegen gibt es mehr als 1000 Campingplätze. Die Übernachtungspreise auf einem 2- bis 3-Sterne-Platz liegen zwischen 10 und 20 Euro pro Fahrzeug/Zelt und Tag. Eine Übersicht gibt es unter www.camping.no.

Ferienhäuser und Hütten: Auf den meisten Campingplätzen kann man auch eine Hütte mieten. Für eine Vierpersonenhütte muss man pro Woche ab ca. 250 Euro rechnen.

Hotels: Der Hotelstandard ist in Norwegen generell hoch. Viele Hotelketten bieten unterschiedliche Passsysteme (z. B. Fjordpass, ScanPlus Hotel Pass) an, die Übernachtungen zum reduzierten Preis ermöglichen. Im Sommer senken Norwegens Hotels die Preise um bis zu 50 %.

Jugendherbergen: Es gibt ca. 70 Familien- und Jugendherbergen in Norwegen, alle mit hohem Standard und sogar mit Einzel- und Doppelzimmern. Eine Übernachtung kostet zwischen 12 und 30 Euro für Mitglieder der Vereinigung Hostelling International. Auskünfte: www.hihostels.no.

WETTER

Der Westküste bringen die vorherrschenden Südwestwinde das ganze Jahr über mildes, aber feuchtes Wetter. Weiter östlich sind die Sommer heißer und trockener, die Winter dagegen kalt. In Südostnorwegen scheint die Sonne im Durchschnitt mehr als 2000 Stunden pro Jahr, in Westnorwegen nur 1500 Stunden. Sommerliche Temperaturen bis zu 30° C sind an der Südküste und in Ostnorwegen durchaus möglich.

ZOLL

Reisende dürfen 2 l Bier, 1 l Spirituosen und 1,5 l Wein oder 2 l Bier und 3 l Wein sowie 200 Zigaretten oder 250 g Tabak mitbringen.

Wetterdaten Oslo

	Tagestemp. max.	Nachttemp. min.	Tage mit Niederschlag	Sonnenstunden pro Tag
Januar	–2°	–7°	9	1
Februar	–1°	–7°	8	3
März	4°	–4°	8	4
April	10°	1°	7	6
Mai	16°	6°	8	7
Juni	21°	10°	10	8
Juli	22°	13°	10	8
August	21°	12°	11	7
September	16°	8°	11	5
Oktober	10°	3°	11	3
November	3°	–1°	10	2
Dezember	0°	–4°	9	1

Fette Ziffern verweisen auf Abbildungen.

IMPRESSUM

3. Auflage 2008 (aktualisiert, erweitert und neu gestaltet)

Verlag: HB Verlag, Marco-Polo-Straße 1, 73760 Ostfildern, Postfach 3151, 73751 Ostfildern, Tel. 0711/4502-0, Fax 0711/4502-135, www.hb-verlag.de, info@bildatlas.de
Geschäftsführer: Dr. Thomas Brinkmann, Dr. Stephanie Mair-Huydts
Chefredaktion und Programmleitung: Rainer Eisenschmid, Birgit Borowski
Redaktion: Rainer Krause, SRT Redaktionsbüro, Wolfratshausen
Text, Exklusiv-Fotografie und Aktualisierung 2008: Dr. Christian Nowak, Berlin
Titelbild: John Hicks/Corbis (Hafen von Vågen/Bergen)
Zusätzliches Bildmaterial: Berentzen-Gruppe (112/113), dana press/SCANPIX NO (S. 110 unten), Nortura BA (114/115), Innovation Norway (S. 31 Nancy Bunt, S. 78 Per Eide, S. 75 Caprino), Statsbygg (S. 18/19 Trond Isaksen) Tine BA (108–111)
Grafische Konzeption, Art Direktion: fpm factor product münchen
Layout: Dagmar Rogge, Ammerland am Starnberger See
Kartografie: © MAIRDUMONT GmbH & Co. KG, Ostfildern
HB Bildatlas Fotoservice: HB Verlag, Marco-Polo-Straße 1, 73760 Ostfildern, Tel. 0711/4502-266, Fax 0711/4502-1006, a.nebel@mairdumont.com

Für die Richtigkeit der in diesem HB Bildatlas angegebenen Daten – Adressen, Öffnungszeiten, Telefonnummern usw. – kann der Verlag keine Garantie übernehmen. Nachdruck, auch auszugsweise, nur mit vorheriger Genehmigung des Verlages. Erscheinungsweise: monatlich.

Anzeigenvermarktung: MAIRDUMONT MEDIA, Tel. 0711/4502333, Fax 0711/45021012, media@mairdumont.com, http://media.mairdumont.com
Vertrieb Zeitschriftenhandel: PARTNER Medienservices GmbH, Postfach 810420, 70521 Stuttgart, Tel. 0711/7252-227, Fax 0711/7252-310
Vertrieb Abonnement: Zenit Pressevertrieb GmbH, Postfach 810640, 70523 Stuttgart, Tel. 0711/7252-265, Fax 0711/7252-333, hbverlag@zenit-presse.de
Vertrieb Buchhandel und Einzelhefte: MAIRDUMONT GmbH & Co KG, Marco-Polo-Straße 1, 73760 Ostfildern, Tel. 0711/4502-0, Fax 0711/4502-340
Reproduktionen: Otterbach Medien KG GmbH & Co., Rastatt
Druck und buchbinderische Verarbeitung: Neef + Stumme GmbH & Co. KG, Wittingen.
Printed in Germany

Überall im Pressefachhandel.
Buchhandel und Bahnhofsbuchhandel erhältlich
oder zu bestellen unter
Telefon 0711/4502-0, Fax 0711/4502-340

LIEFERBARE AUSGABEN

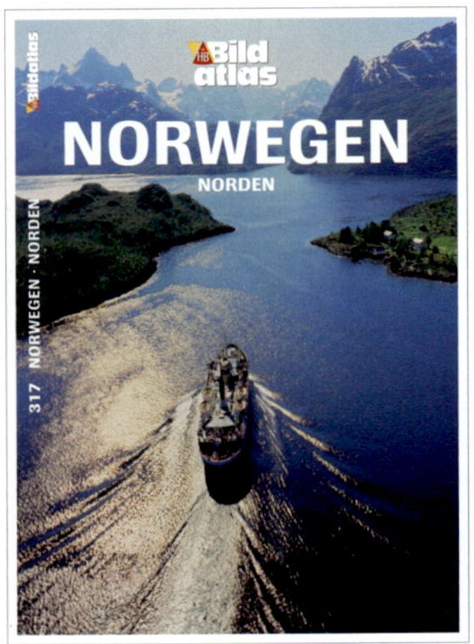

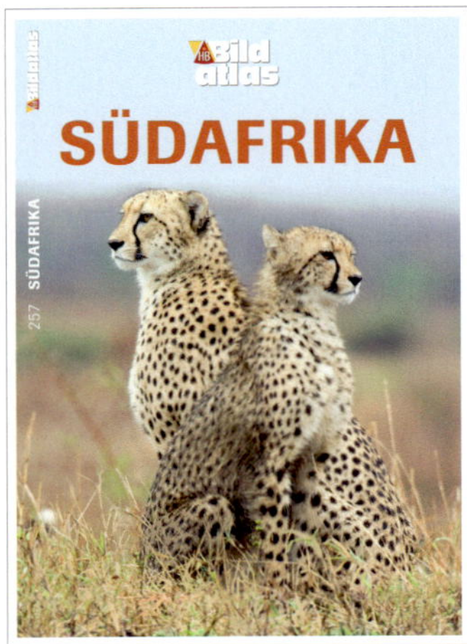

HB BILDATLAS

Deutschland

227 Allgäu
320 Altmühltal
316 Bayerischer Wald
235 Berlin
235 Berlin (englische Ausgabe)
289 Bodensee · Oberschwaben
298 Brandenburg
296 Chiemgau · Berchtesgadener Land
274 Dresden · Sächsische Schweiz
256 Eifel · Aachen
260 Elbe und Weser · Bremen
303 Erzgebirge · Vogtland · Chemnitz
242 Frankfurt · Taunus · Rheingau
269 Fränkische Schweiz
253 Hamburg
263 Harz
234 Hunsrück · Naheland · Rheinhessen
233 Leipzig · Halle ·Magdeburg
209 Lüneburger Heide
285 Mainfranken
307 Mecklenburgische Seen
240 Mecklenburg-Vorpommern
151 Mittelfranken
249 Mosel
165 München
255 Münsterland · Münster
281 Nordseeküste · Schleswig-Holstein
196 Oberbayern zwischen Lech und Inn
271 Odenwald · Bergstraße
219 Osnabrücker Land · Emsland · Oldenburger Münsterland · Grafschaft Bentheim
211 Ostfriesland · Oldenburger Land
290 Ostseeküste · Mecklenburg-Vorpommern
277 Ostseeküste · Schleswig-Holstein
215 Pfalz
194 Potsdam · Havelland
243 Rhein zwischen Köln und Mainz
288 Rhön
314 Rügen · Usedom · Hiddensee
300 Ruhrgebiet
258 Sachsen
286 Sachsen-Anhalt
268 Sauerland
200 Schwäbische Alb
266 Schwarzwald · Norden
214 Spreewald · Lausitz · Märkisch-Oderland
247 Südlicher Schwarzwald
224 Sylt · Amrum · Föhr
312 Teutoburger Wald
261 Thüringen
301 Thüringer Wald
202 Trier
237 Weserbergland

Benelux

246 Amsterdam
187 Flandern · Brüssel
275 Niederlande

Frankreich

160 Atlantikküste
278 Bretagne
225 Côte d'Azur
222 Elsass
221 Korsika
295 Normandie
229 Paris
315 Provence
184 Südfrankreich · Languedoc-Roussillon

Griechenland

193 Athen · Peloponnes
189 Korfu · Ionische Inseln
228 Kreta
310 Zypern

Grossbritannien · Irland

294 Irland
175 London
231 Nordengland
304 Schottland
241 Südengland

Italien · Malta · Kroatien

195 Adriaküste · Emilia Romagna
239 Gardasee · Trentino
309 Golf von Neapel · Kampanien
265 Italienische Riviera
282 Italien · Norden
238 Kroatische Adriaküste
254 Malta
210 Mittelitalien
270 Oberitalienische Seen · Mailand
230 Piemont · Aostatal
226 Rom
264 Sardinien
232 Sizilien
201 Süditalien: Apulien · Basilikata
207 Südtirol
267 Toskana
313 Venedig · Venetien

Mittel- und Osteuropa

292 Baltikum
280 Bulgarien
283 Danzig · Ostsee · Masuren
248 Prag
291 St. Petersburg
244 Südpolen · Breslau · Krakau
306 Tschechien
297 Ungarn

Österreich

293 Kärnten
199 Niederösterreich · Wachau
218 Oberösterreich
220 Salzburger Land · Salzkammergut · Salzburg
319 Tirol
206 Wien

Schweiz

305 Schweiz
302 Tessin

Spanien · Portugal

236 Algarve · Lissabon
223 Andalusien
287 Barcelona
150 Costa Blanca
262 Costa Brava
176 Gran Canaria · Fuerteventura · Lanzarote
213 Ibiza · Formentera · Menorca
259 Kanarische Inseln
245 Lanzarote
318 Mallorca
203 Nordportugal
205 Nordspanien · Atlantikküste Jakobsweg · Galicien
177 Teneriffa · La Palma · Gomera · Hierro

Skandinavien

183 Bornholm
279 Dänemark
317 Norwegen ·Norden
276 Norwegen · Süden
250 Südschweden · Stockholm

Türkei

252 Türkische Mittelmeerküste

Außereuropäische Ziele

273 Australien Osten · Sydney
284 China
311 Kalifornien
251 Kanadas Westen
299 Neuseeland
272 New York
257 Südafrika

Länderübergreifende Bände

308 Donau

HB BILDATLAS SPECIAL

Afrika · Naher Osten

67 Ägypten
64 Arabien: V. A. Emirate · Oman · Kuwait · Qatar · Bahrain
61 Namibia
71 Tunesien · Libyen

Australien · Ozeanien

45 Australien: Westen

Europa

54 Madeira · Azoren · Kapverden

Süd- und Südostasien · Ferner Osten

10 Hongkong
53 Indien: Rajasthan · Delhi · Agra
69 Philippinen
70 Thailand

Süd- und Mittelamerika · Karibik

57 Chile
55 Dominikanische Republik · Haiti
60 Jamaika
65 Kleine Antillen: Antigua Guadeloupe · Martinique · Barbados u. a.
73 Mexiko

USA · Kanda

58 Alaska
62 Florida
68 Las Vegas · Grand Canyon
56 Nordwesten: Washington · Oregon
59 Texas

HB BILDATLAS SONDERAUSGABEN

Ski-Special Alpen 2008
Alpen Special 2008